子どもに教えるときにほんとうに大切なこと

筑波大学附属小学校副校長
田中博史

キノブックス

はじめに

「算数の勉強をする」というと、どのような姿を思いうかべるでしょうか。

机に向かって計算問題を次から次へと解いていく姿、たくさんの公式を必死に暗記しようとしている姿、むずかしい応用問題をいくつもこなしていく姿……。ひたすら練習や暗記をくりかえして「できない」ことを「できる」ようにしようと努力している姿を多くの方が思いうかべるかもしれません。

このように、できなかったことができるようになったという達成感を得ることや、わからなかったところがわかるようになったという爽快感を味わうことは、算数にかぎらず勉強をすることの醍醐味ともいえるでしょう。

「できるようになったからうれしい、だからもっと勉強したい」

いったんこのサイクルが生まれればさらに成果があがります。

つまり、「できるから楽しい」という気持ちが勉強をがんばる原動力になるのはまちがいなさそうです。

ただし、です。

ここでいったん考えてみたいことがあります。

勉強が楽しくなれば成果があがるのはたしかなのですが、では、勉強が楽しいのは、「できるから楽しい」という理由だけなのでしょうか。

「できる」ようになることのほかに、勉強を楽しむ方法はないのでしょうか。

いま目の前に、小学一年生の子どもがいるとします。

その子どもは算数でたし算をならったばかりで、「1たす1は2、1たす2は3、1たす3は4」と、順にたし算の練習をしています。

ここで、サイコロを二つ用意してみましょう。


その二つのサイコロを同時にテーブルの上でころがしてみます。

サイコロはころころところがり、2と4の目が出ました。

そこで、子どもに「2たす4は？」とたずねてみます。

すると、子どもはならったばかりのたし算で「6」と答えてくれるでしょう。

「そうそう、よくできたね。じゃあ、6点だね」といって、メモ用紙などにその点数を書きこんでください。

「じゃあ次は何点が出るかな？」と、今度は子どもがサイコロをころがす番です。

先ほどと同じようにサイコロをころがして、二つの目の数の合計点を記録します。

そうして親子でかわるがわる三回ずつサイコロをころがすこと、計六回。

点数を大きい順に記録してみると、次のようになりました。

12てん
11てん

9てん

7てん
6てん

4てん

ただし、同じ点数は記録しないことにします。

ここで、このメモを見た子どもがつぶやきました。
「あれ、10点が出ないね」
なるほど、10点はまだ一度も出ていません。
この子どもの言葉をヒントに、ゲームをアレンジしてみます。
「じゃあ、どっちが先に10点を出せるかな」と、親子で競争です。
さあ、おもしろくなってきました。
「1たす1は2、1たす2は3」とひたすらたし算の練習をしていた子どもも、サイコロが登場してからというもの、がぜん目の色がかわっています。

さて、みなさんもお気づきかと思いますが、このときの子どもは、サイコロ遊びを楽しみながら、その実《じつ》、たし算の練習をしているわけです。

前半は「二つの数の和を求めるたし算の勉強」を、そして後半は「和が10になる二つの数の勉強」へとその目的がかわりました。

実際に、このサイコロゲームは、私がたし算の授業でよく使う題材のひとつで、教室で子どもどうしがゲームをすると、その場はきまって白熱します。

たし算を勉強したばかりの子どもたちは、計算する速さも正確さも同じではありませんが、そのようなちがいにかかわらず、このゲームが大好きなのです。

このときの子どもたちは、**「できるから楽しい」のではなく「好きだから楽しい」という気持ちが原動力**となっているのでしょう。

私は長年、子どもたちに算数を教えるなかで、この「好きだから楽しい」という瞬間をできるだけたくさん味わってほしいと思ってやってきました。

キーワードは「とりあえずできる」よりも「まず好きに」です。

うまくできないものでも、好きなら自分からやろうと思うし、できるようになりたいと思ってがんばります。そのがんばりをくりかえしていると、自分でも気がつかないうちに上達の道を歩みはじめていることもあるわけです。

まさに「好きこそものの上手なれ」ですが、その対象がこと勉強となったとたんに、一見あたりまえのようなこの視点が忘れられることも多いのではないでしょうか。

「できる」ようにすることを急ぐのではなく、学ぶことの楽しさを味わうことで子どもに「好き」になってほしい。ふりかえれば、そのための教え方について必死に試行錯誤してきた三十七年間の教師生活でした。

同じ「1たす1」でも、どのように教えるか、その小さな工夫で、子どもへの伝わり方も、子どものがんばり方も大きくかわってきます。

題材の工夫、言葉がけの工夫、質問に答えるときの工夫、説明の仕方の工夫……本書に書いたのは、私が日々子どもに接するなかで気づいてきた工夫の一端です。

子どものがんばる力をあと押ししたいと日々がんばっているお父さんやお母さんたちにとって、なにかヒントになることがあれば、これほどうれしいことはありません。

そして、このまえがきの最後に。

「好きになる」ことのよさをひとつあげたいと思います。

それは、「できるからやる」よりも「好きだからやる」のほうが、その後のエネルギーが長くつづいていくということです。

田中博史

第2章 「まちがい」のまま進める教え方

第3章

「話したい」を育てる教え方

第4章

「わからない」に答える教え方

第5章 「考える力」をのばす教え方

第1章

「やりたい」を引きだす教え方

子どもの「やりたい」を引きだす小さな仕掛け

「好きだから楽しい」という瞬間が子どもにおとずれるためには、大人も教え方に小さな仕掛けをしてみることが必要です。

「はじめに」で書いたサイコロゲームはそのような仕掛けとして考えたもののひとつです。

サイコロ二つをころがして遊ぶというたったこれだけのことでも、子どもはたし算の勉強をするのが楽しくなっているはずです。

このサイコロゲームをもう少しつづけてみましょう。

先ほどの子どもの「10点が出ないね」というひと言で、今度は「先に10点を出す」ことがゲームの次の目的になりました。

どちらが先に10点を出せるか、いざ、親子の真剣勝負です。

子どもが二つのサイコロを同時にころがして、ひとつの目が4と出ました。

もうひとつのサイコロはまだよろよろと動きが止まらず、なにが出るかわかりません。

子どもが「6出て、6！」と思わず天をあおいだ瞬間に、二つめのサイコロがぴたりと止まり、その目は5――「あー、あと1だったのに」。

こんなときの緊迫感はなかなかのもので、教室で子どもどうしがサイコロゲームをやるときにも最高に盛りあがる瞬間です。

さらにゲームをつづけてみましょう。

10点を出す勝負は接戦のすえ、親のほうに軍配があがりました。

よろこぶ親のそばで、負けた子どもはくやしがっています。

とはいえ、このサイコロゲームでは、どの目が出るかはときの運、その勝敗の前には大人も子どもも平等です。

親はほこらしげにペンをとり、先ほどのメモ用紙に「10点」と書きいれました。

すると、そのメモを見た子どもが気づきました。

12 てん
11 てん
10 てん
9 てん
7 てん
6 てん
4 てん

「じゃあ、次は8点をやろうよ」

たしかに、まだ8点の記録がありません。

それで、次も子どもの提案に乗っかって、「じゃあ、今度は8点の勝負ね」とやってみます。

その勝負がついたら、おそらく子どもは「次は5点の勝負」などというでしょう。

さらにその勝負がついたら……。

このように次々と勝負どころがかわってくるのも、このサイコロゲームの自由で楽しいところなのです。

「がんばったところ」を言葉にして子どもに返す

さて、このゲームには、その勝敗とは別にそもそもの目的がありました。

そうです、たし算の練習です。

たし算をならったばかりの子どもが一生懸命考えているわけですから、ゲームをしているとはいえ立派な勉強です。

親もその子どものがんばりにこたえるべく、大切にしたいことがあります。

子どものがんばりが見えたら、「そのときどきでしっかりと子どもをほめる」「的確なタイミングで子どものがんばりを認める」ことを忘れないでほしいと思います。

ゲームの序盤で「3たす2は？」「5」というやりとりをするときにも、そのつど「そうそう」「よくできたね」と子どもに声をかけてください。

さらに、このゲームを進めていくにつれて、子どもはたし算の計算が上手になっていくはずです。そうしたところもきちんと見ておいて、「さっきよりも計算が速かった。すごい」などと子どもの変化をしっかりとほめましょう。

「子どもをほめる」ことは、やはり子どものがんばるエネルギーを育てます。

ほめられたときにエネルギーがわいてくるのは、大人でも同じではないでしょうか。

もちろん、むやみやたらになんでもほめればいいということではありません。

大人がほめるということは、子どものやったことに価値があったと伝えることになります。

大切なのは、子どもが実際にがんばったところをきちんと見ておき、そのがんばりを言葉にして子どもに返すということです。

「子どもはたし算の勉強をがんばっている」という視点をもって目の前の子どもを見ていれば、このゲームのなかでも折々にほめたいポイントが見えてきます。ほめることが子どものがんばるエネルギーになるのですから、その**ほめるポイントを的確に探すということが、大人のがんばりどころ**なのです。

ときには、ゲームの途中で親があえてとぼけてみてもいいでしょう。8点を出す勝負で、たとえば親が2の目と5の目を出したとします。そこで親があえて「やった！　8点出た」などといってとぼけてみると、子どもが「ちがうよ、これ7点だよ」などとつっこんでくるはずです。

そのつっこみにつづけて、子どもが「だって、8点なら2と6だもん。それか、3と5か……」などとその理由まで説明できれば、「そうか、たしかにそうだ。計算も上手だね」などと、ここでもまた子どもをほめることができるでしょう。

親のまちがいを子どもが正そうとするところをほめる。そのために親がとぼけてみるというわけです。

もうひとつ、親のとぼけ方として、「あれ、1点が出ないね」があります。

そこで子どもが「1点なんて絶対に出ないよ」などとつっこんできたら、親はさらにとぼけて「えっ、どうして?」と返します。

「だって、1たす1がいちばん小さい点数でしょう?」と子どもがいえば、「なるほど、そうだ。すごいね」と、ほめる場面がまたひとつ生まれます。こうして「話す力」もついていくというわけです。

この「子どもをほめる場面をつくる」ことについては、拙著『子どもと接するときにほんとうに大切なこと』(キノブックス)でもくわしく紹介していますので、あわせて参考にしてほしいと思います。

仕掛けのなかにあるたくさんの算数

さて、ここでいったん、サイコロゲームの進め方を整理してみましょう。

① サイコロを二つ同時にころがして、出た目の数の合計を点数として記録する。
② ①を親子で三回ずつ計六回やって、点数を整理しながら記録する。
③ 記録表を見て、まだ出ていない点数をどちらが先に出せるか競争する。

この流れで進めてきて、先ほどの8点の勝負がついた時点で、記録表は次のようになりました。

12 てん
11 てん
10 てん
9 てん
8 てん
7 てん
6 てん
4 てん

このあたりまで点数が整理されてくると、残るは5点、3点、2点の三回勝負だということも徐々に見えてくるでしょう。

ここで少し、算数の解説もしておきましょう。

たし算の練習を目的として進めてきたこのゲームですが、算数を教えるという観点から見れば、実はたし算の練習ということのほかにもいくつか算数の勉強として役だつポイントがあるのです。

たとえば、このゲームの序盤①〜②では、サイコロをころがしてランダムに点数を集めていくわけですが、それを六回くりかえして点数が記録表に整理されてくると、今度はそこに抜けている点数にも目が向くようになります。

ゲーム中盤以降の③は、その抜けている数を探して埋めようとしています。これは算数で育てたい「整理」の力です。昔の数学者のなかには「数学は整理・整頓の学問だ」といった人もいるほどです。

また、序盤では二つの数を「たし算」していたのが、中盤以降で「○点を出そう」にかわると、そこからは「たし算とひき算」を行き来するような勉強になります。「10点を出そう」という勝負で、ひとつのサイコロの目が4と決まったとき、もうひとつの目は6が出ればいいと考えるのは「10－4＝6」をしているということでしょう。

さらに、「○点を出す」となったとき、その点数になる目の組み合わせがいくつあるか——たとえば7点なら「1と6」「2と5」「3と4」と考えてみることは、数の構成に対する感覚の勉強です。

サイコロ二つを使って楽しく遊んでいるようでいて、このように実にたくさんの算数の勉強をしているというわけです。

さらに遊び方を複雑にする方法もあります。

これまで使ってきたサイコロは1～6の数が入った六面体のものですが、実は八面体のサイコロや十二面体のサイコロも市販されています。

面が増えれば目の数も増える、そのぶんゲームの展開もひろがりますので、六面体のサイコロで飽きたらなくなったらぜひ試してみてください。

ちなみに1～6のサイコロで遊ぶときに出る目の合計値は次の表のようになります。

	1	2	3	4	5	6
1	2	3	4	5	6	7
2	3	4	5	6	7	8
3	4	5	6	7	8	9
4	5	6	7	8	9	10
5	6	7	8	9	10	11
6	7	8	9	10	11	12

7がいちばん出やすく
2や12はなかなか
出ないことが
こうすると
よくわかります！

「自分で決める」のが、がんばるエネルギー

さて、このゲームは進めるうちにその展開や目的が動いていくという自由さがありますが、そのゲームが動くタイミングでひとつ、大切にしてほしいことがあります。

それは、「子どもが決める」ことでゲームを動かしていくということです。

たとえば、最初の六回分の記録が並んだときに、そのメモを見た子どもが「あれ、10点がないよね」と気づくのは、その後のゲーム展開を決める大きな鍵となります。

このひと言が「じゃあ、どちらが先に10点を出せるかやってみよう」という目的の設定につながり、ゲームがさらにおもしろくなるからです。

そして重要なのは、展開を決定づけるこの「10点がないよね」というひと言を、親ではなく子どもがいうということ――「子どもがゲームを主導する」ということです。

その理由はとてもシンプルで、**子どもは自分で決めたことなら、前向きなエネルギーのままにやってみよう、がんばろうと思って進むことができる**からです。

言葉にすれば実にシンプルなことなのですが、この「子どもが決める」ということはほんとうに大切なポイントです。今回のゲームのような場面にかぎらず、子どもに接するあらゆる場面で、私がなにより大事にしてきたことでもあります。

この本を読んでいるみなさんも、子どものころ「宿題をしなさい」とか「お風呂に入りなさい」などと親にいわれて、つい反発心がわいてきたことはないでしょうか。反発しないまでも、親からいわれてしぶしぶやっていたこと、また、そのときのどんよりとうしろ向きだった気持ちをおぼえているかもしれません（笑）。

一方で、「夏休みの間にこのシリーズの本を読みおえよう」とか「サッカーのリフティングを毎日○回やろう」と自分で決めたことをやるときには、前向きな気持ちがつづいていたはずです。

結果的には決めた目標に届かなかったとしても、その目標に向かってがんばっているときには、しぶしぶやっているときよりもずっと大きく前向きなエネルギーをもっていたはずでしょう。

このゲームのなかで「子どもが展開を決める」ことを大事にしたいのも、こんなところに理由があります。

子どもがゲームを主導して親がそれについていくのであれば、その逆のことをするよりも子どもはずっと前向きな気持ちで取りくむことができますし、その気持ちが長くつづいていくのです。

もちろん、メモに並んだ点数を見たとき、子どもがすぐに「10点がない」などと気づかないこともあるでしょうから、そんなときには、親がメモを見ながら「12点、11

点、9点か」などとつぶやいてみてもいいのです。
そうすれば、子どもは10点がないというところに目が向くでしょう。

こうして子どもが決めるためのきっかけを親がつくることもときには必要ですが、やはり重要なのは、**最後の主導権を子どもにわたすということ**です。

中盤以降でゲームの展開が切りかわったあとでもこれは同じ。「じゃあ次、8点をやろうよ」と子どもが提案して、親が「よし、やろう」とその提案に乗るようにしてください。

こうして子ども主導でゲームを動かしていくことで子どもの前向きなエネルギーを親があと押しすることがとても大切なのですが、同時にもうひとつ、このことと裏表で忘れてはいけないのは、18ページで書いた子どもをほめるということです。
「あれ、10点がないね」と子どもが気づいたときにも、すかさず「ほんとうだ、よく気がついたね。えらい」などとしっかり言葉をかけてほしいと思います。

百個のうちのひとつでエネルギーを育てる

子ども主導で進めるということ。
そうして、子どもが動いたときに親がほめるということ。
この二つの軸が子どもの前向きなエネルギーをつくるもとになります。

そして、この両軸がそろうためには、「**子どもが自分で決めることができるための余白**」が欠かせません。
このサイコロゲームでその展開や目的に自由さをもたせているのも、その余白をつくるためのちょっとした仕掛けなのです。

もちろん、子どもに勉強をがんばってほしいと思って仕掛けを工夫するのですから、その川上にいるのは、最初は親のほうなのかもしれません。

スタートはたしかに親からだとしても、そのあとにつづく流れのなかに余白があれば、子どもはその余白を使って自由に動いていくことができるでしょう。

つまり、この「余白をつくる」ということが、まずは大切なことなのです。

さらに、いったんこの余白をつくったあとには、その埋め方も少し工夫をするということも大切です。

もし「10点がないね」と親が先にその余白を埋めれば、それは子どもに「たして10になる数を探そう」と課題を押しつけているのと同じです。

それでもゲームは進んでいくかもしれませんが、子どもが自分で「たして10になる数を探したい」と思ってやってみるときとくらべれば、子どものがんばり方には大きな差が出てくるはずです。

それは親が子どもをほめる回数の差ともなるでしょう。

このような差がひとつずつ積みかさなっていくことが、子どもが物事に向かうエネルギーの差となってあらわれてくるのです。

ところで、私はこのサイコロゲームのような授業を、学校の参観日などにもやってみることがあります。

そして、授業のあとに保護者の方たちが「子どもたちがすごく楽しそうだった」という感想につづけて、決まって不安そうに口にします。

「でも、私が家で同じようにやってみたいと思っても、そんな教え方はできないんじゃないかと思います。だって、すごく時間がかかってしまうでしょう?」

同じようなことを、研修や勉強として私の授業を見にくる若い教師の方たちも感じるようです。

「こんなにていねいに授業をしていては、教科書で教えることがぜんぶ終わらないのではないでしょうか」

たしかに楽しい授業だし、子どももはりきっているのが見えるけれど、たとえば

「1たす1は2、1たす2は3」と順にたし算を教えるときよりも、ずっと時間がかかってしまうでしょう、と。

つまり、保護者の方たちも教師の方たちも、「時間がないから、きちんと教えることができない」と考えるのでしょう。

でも、たくさんの子どもを見てきた経験からいえば、この発想は実は逆なのです。

たとえば、子どもに教えなければいけないことが百個あるとして、その百個すべてをていねいに教えようとしたら、それは親にとっても教師にとっても無理なことでしょう。ベテランの私でも、とうていそんなことはできません。

でも、百個のうちのなにかひとつをていねいにやってみて、そのひとつのなかで子どものがんばるエネルギーがきちんと育てば、あとは親や教師がいなくても、子どもは自分の力でその先へと走りだします。

まずひとつをていねいにやることは、いわば子どもが走りだすための準備運動のようなものです。

だからこそ、小さなひとつをていねいにやることには大きな意味があるのです。

実際に、このサイコロゲームの授業をした翌日などは、子どもがノートに「点数が○点になるときの目の組みあわせ」などと題したまとめをつくってきて、「先生、見てみて」などとうれしそうにしています。25ページのような表を子どもが自分でつくってくるのです。

このまとめは「順列・組みあわせ」の勉強と同じことをしているわけで、これは教科書ではたし算の筆算よりもずっとあとに出てくる内容ですが、いったん勉強の楽しさを味わった子どもは、こうして先へ先へと自力で進んでいくのです。

「もっと知りたい、わかりたい」「もっとできるようになりたい」、そういう子どもの気持ちがいったん育てば、子どもは自分でがんばるようになります。

そうして自力で学ぼうとする子どもの心をいかに育てるか、それが「百個のうちのひとつ」で考えたい大切なことなのです。

次は10点
だそうよ!
12点
11点
9点
7点
6点
パパは
2+3で5だ!

子どもが漢字の練習をしたくなる、親のひと言

さて、ここまで読み進めてきた方のなかには、次のような思いをもつ方もいるかもしれません。

「子どものエネルギーを育てるために仕掛けることが大切なのはよくわかったけれど、サイコロゲームみたいな仕掛けを自分でつくるのは、ちょっとむずかしそう」

でも、大事なことは、ゲームを毎回、周到に用意することではないのです。

ゲームそのものをつくることが重要なのではなく、**「子どもが自分で決める場面」「子どもが自分からやりたいと思う場面」**をどうやってつくるのかが、親や教師が考

えたい重要な点なのです。

勉強でも日常のなかでも、子どもと接しているそのときどき、場面場面で、考える機会はめぐってくるはずです。


子どもに勉強をしてほしいと思うなら、「勉強をしなさい」と子どもに押しつけることなく、いかに子どもが自分から勉強したくなるようなやりとりをするのか。


たとえば、子どもが漢字の練習をしている場面があるとしましょう。

そういうときに、親や教師が「この漢字を○回、書きなさい」と子どもにいうことがありますが、このように声をかけるかわりに「じゃあ、何回書けばこの漢字をおぼえられる？」と子どもに聞いてみます。

すると、子どもは「うーん」と考えて、「この漢字なら、三回書けばおぼえられる」などと答えるでしょう。

そうしたら、「じゃあ、これから漢字の練習をするときには、何回書けばおぼえられるのか、ひとつずつ自分で決めてやってみよう」と声をかけます。

子どもは、漢字をひとつひとつ吟味しながら「この漢字は簡単そうだから三回、この漢字は画数が多いから十回」などと考えて決めていき、その回数をそれぞれ練習用のノートに記入します。

そうしたら、ここで親がひと言、「じゃあ、いま自分で決めた回数よりも多く練習してはいけません」。

この言葉を聞いたとたんに、子どもは「待って、待って」とあせりはじめるかもしれません。

この漢字の練習にまつわるやりとりを、実際に私は学校の子どもたちにやってみることがありますが、「決めた回数以上やってはいけません」と私が口にしたとたん、子どもたちは「じゃあ、やっぱりこれ七回にする」などと回数を増やしたりします。

つづけて私が「じゃあ明日、いまの漢字をテストするからね」などというと、子どもたちは「いや、先生、いますぐやってください。だって、明日になったら忘れるから！」と（笑）。テストを自分からのぞむなんてよく考えたらすてきだと思いませんか（笑）。

こんな子どもとのやりとりを楽しみつつも、「でも、自分でおぼえられると思って決めた回数なんだから、明日もおぼえていないと意味がないよね？」といえば、子どもはこっそりと回数を増やして練習してきたりもするのです。

スポーツの練習でいえば、子どもが公言した回数が公式練習、こっそりとやるのが自主練習といったようなところなのでしょう。

もちろん、子どもが決めた回数以上の練習をしてきたとしても、子どもががんばったことなので、それは親にとってうれしいことにかわりはありませんよね。

だから、子どもは自分から動きたくなる

以前、ある卒業生の女の子から聞いた、彼女が子どものころの思い出話です。

その女の子がまだ小さかったある日、おじいさんの家に遊びに行ったときのこと。おじいさんは食後に薬を飲むのが習慣だったそうで、その日の夕食後もおじいさんはいつものように棚から薬箱を取りだしました。

その様子を見ていた女の子は、食卓に飲みものがないということに気がつきました。おじいさんが薬を飲むのなら、なにか飲みものが必要なはずだと考えたのです。

女の子は台所に走り、コップに水をついできました。

そしてコップを「はい」とおじいさんに手渡すと、おじいさんはとてもおどろき、「すごいすごい」と女の子をしきりにほめたそうです。

「私はなにもいわなかったのに、自分で気がつくなんて」と、そのときのおじいさんの勢いは女の子もおどろくほどだったそう。

こんなにほめられるということは、自分はなにか特別にいいことをしたのだろう、次もまた必ずやろうと思ったと、その瞬間の気持ちをその女の子はいまでもよくおぼえているそうです。

その子もいまは大人になり、彼女自身が子育て中のお母さんなのですが、家で子どもと向きあっているときに、このときの思い出がよみがえってきたと話してくれました。

彼女は「でも、いまになって思えば」と話をつづけました。

「あのとき、祖父はおそらく、私が飲みものがないのに気がつくのを待っていたんだと思うんです。だって、薬箱を取りだしたあと、ちょっと空白の時間があったから。

私が自分で気づいて、自分から動くのを祖父は待っていたんだと思います」

さらに彼女は話をつづけます。

「でも、先生も同じようなことをしていたでしょう？」

授業をしているときでも、ふだんの学校生活のなかでも、私と子どもたちとのやりとりのなかには少し空白の時間があったことを、ふと思いだしたのだといいます。

「その瞬間は、とくにおかしいとか思わなかったし、気づかなかったけれど、いまになって思えば、実は私たちが自分から動くのを先生は待っていたんじゃないかって。だってそのあと、祖父のときみたいに必ずすごくほめられたことをおぼえています」

彼女はそう笑って話をしながら、「自分の子どもにも、やっぱりそうして自分から動くようになってほしいと思うので、このときのことをヒントにがんばってみます」といってくれました。

第2章

「まちがい」のまま進める教え方

「なぜ、30分は0.3時間じゃないの？」

私は長年、教師として子どもたちに算数を教えるなかで、子どもからさまざまな算数の質問に答えてきました。

その一方で、子どもの保護者や学校の教師といった大人の方たちからも、子どもに算数を教えるときの教え方について、いろいろな相談を受けてきました。

子どもの「勉強がわからない」という声と、それに答える大人の「教え方がわからない」という声、私はいわばその中間地点に立って見てきたわけです。

大人が子どもに勉強を教えるときの悩みはさまざまあるでしょう。

なかでも、お父さんやお母さんからよく聞く悩みのひとつが「子どものまちがった答えがなぜまちがっているのかを説明しても、その説明がなかなか子どもに伝わりません」という声でした。

これだけ話せばわかってくれるはずと思っててていねいに説明しても、どうも子どもとかみ合っていないようで、事実、説明をおえたあともやっぱり子どもは似たような問題でつまずいている——どのように教えたら子どもがきちんと理解してくれるのでしょうか、というのです。

実際、このようなすれちがいは、学校で教師が子どもに接しているときにもよく目にする光景で、教師の方たちも同じように困っているようです。

では、なぜ大人の説明が子どもに伝わらないということが起こるのでしょうか。

以前、私のクラスであった子どもとの実際のやりとりを例にお話をしましょう。

30分を「○時間」と小数で表す問題で、ある生徒が「30分＝0.3時間」と答えました。

この問題の正解は0.5時間なので、0.3時間は不正解です。

これは算数のテストでのことだったのですが、0.3時間と答えたその子どもは、不正解の印がついたテスト用紙を見て、じっと考えこんでいる様子でした。

それから数日たった休み時間のこと、その子どもはテスト用紙を手に、ほとほと困りはてているといった顔で私のところにやってきました。

「先生、どうして30分は0.3時間じゃないの？」

30分＝0.5時間となることに、どうしても納得がいかないというのです。

家でお父さんに「なんで？」とたずねてみたけれど、お父さんの説明を聞いてもチンプンカンプン、なにをいっているのかさっぱり理解できなかったよう。

そして、30分はやっぱり0.3時間になるはず、30分が0.5時間になるなんてそんなのおかしいと主張します。

テスト用紙の裏には、お父さんが説明しながら描いてくれたという二つの図がありました。

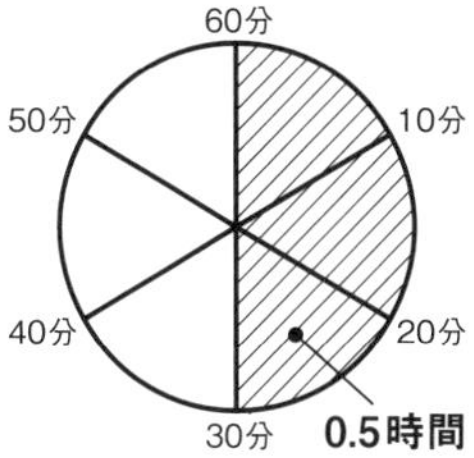

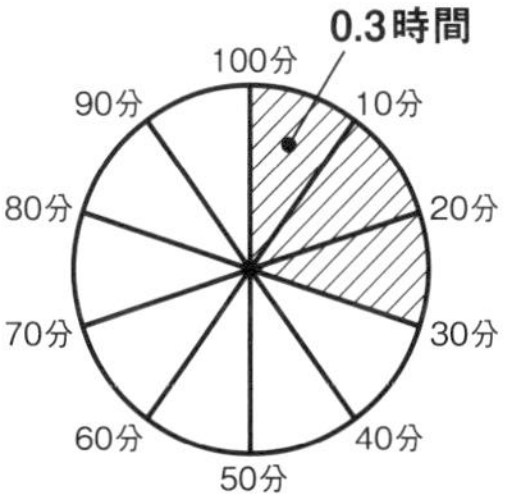

右の図でお父さんが説明しようとしたこと——この本を読んでいるみなさんはおわかりでしょうか。

つまり、この子どものまちがいのもとは「なにを1と見るか」を理解していないことにあり、お父さんは、そのポイントをこの二つの図を使って説明しようとしているわけです。

上の図のように「60分=1」と見れば、30分はその半分の0.5となります。

一方で、この子どもの場合は下の図のように「100分=1」と見ているので30分を0.3時間としたのでしょう。

実際、30分＝0.3時間とするまちがいは、この子どもにかぎった話ではなく、私が長年見てきた子どものまちがいとしてもとてもよく起こるものです。

そして、先ほどのような図を使って説明してみても、なかなか子どもに伝わらないということは、教える側からもとてもよく聞く悩みです。

なぜ、このようなすれちがいが起こるのでしょうか。

そして、こんなとき、どのように子どもに説明すれば、子どもは納得してくれるのでしょうか。

まちがいのまま、いったん先を進めてみる

「30分を0.3時間とする」、これは子どもがよくするまちがいです。

そして「47ページのような円の図を描いて子どもに説明しようとする」、これも子どもに教えようとする大人がよくする説明の仕方です。

でも、その説明では子どもがまったく納得しない、大人が必死で説明をくりかえしても子どもは全然わかってくれない。こんなすれちがいは、今回の問題にかぎらず、子どもになにかを教えようとするときに、実によく起こることなのです。

なぜ、そのようなすれちがいが起こるのか、すれちがいのポイントをひと言でいえ

ば、それは「子どものわからない箇所を大人がわかっていないこと」にあります。

子どもが30分を0.3時間と答えた。

それがまちがった答えだとしても、その0.3時間という答えの裏には、その答えにいたった子どもの考えの道筋があります。

このときの子どものように、自分のまちがいがなぜまちがいなのかがわからない、納得がいかないということは、そのまちがいに根拠があるということです。ここがいわゆる「うっかりミス」とは異なるところなのです。

子どもにはまちがった答えを出すにいたった考えがあり、根拠があるわけです。

それなのに、その道筋を無視して大人が自分の理解していることをそのまま子どもに話しても、その説明は子どもには届きません。

説明を聞いている子どもの頭の「?」は消えるどころか、「?」の数がどんどん増えていくばかりでしょう。

ですから、「なぜ30分は0.3時間ではないの？」という子どもの声に答えるときに**大切にしたいのは、まずは子どものまちがいの道筋を一緒にたどってみるということ。**

今回の場合でいえば、「0.3時間と答えた子どものまちがいのままに、いったん先を進めてみる」ということです。

私は、子どもが持っていたテスト用紙をいったん脇によけました。

そして、手近にあった白紙の用紙を机にひろげ、「なるほど。30分は0.3時間なんだよね」と子どもにたしかめてから、その紙に30分＝0.3時間と書きました。

そうしておいて、子どもに「じゃあ、40分は？」とたずねると、子どもはすぐに「0.4時間」と答えました。私は先ほどの式につづけて40分＝0.4時間と書きました。

つづけて「なるほど。じゃあ50分は？」と聞くと、「0.5時間」。

「60分は？」「0.6時間」。

その子どもの言葉をひろって、私が「60分＝0.6時間」と紙に書いたと同時に、その子どもは「あれ？」と声をあげました。

「あれ？　60分は1時間なのに、0.6時間じゃたりない！」

つまり、「60分＝1時間のはずなのに、60分＝0.6時間になるなんておかしい。だって0.6時間は1時間よりもずいぶん少ない」と、つじつまが合わないことにここではじめて気がついたわけです。

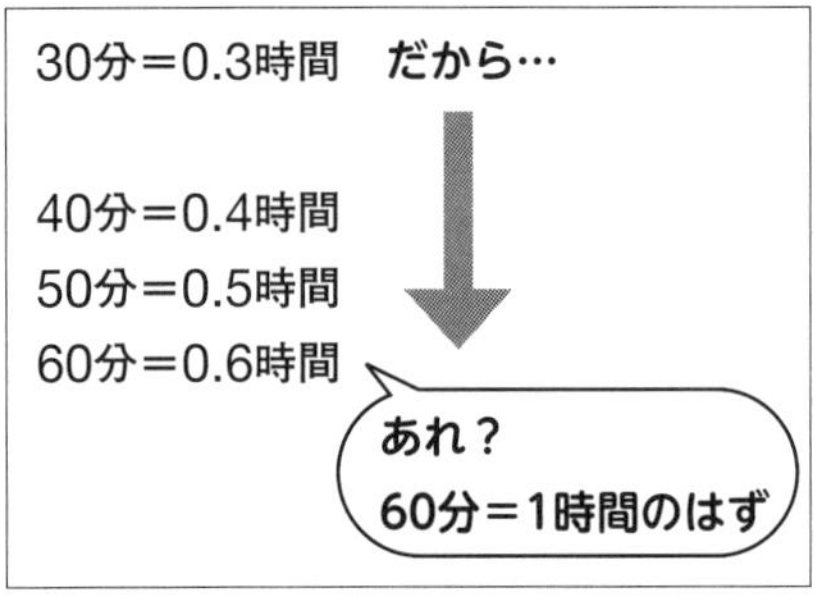
30分＝0.3時間　だから…
40分＝0.4時間
50分＝0.5時間
60分＝0.6時間
あれ？
60分＝1時間のはず

この先のお話は次の項につづけますが、このように、**子どものまちがいのままにいったん先を進めてみると、子どもが自分で自分の考えのおかしさに気がつくポイントがおとずれる**ということです。

子どもの表情を見ながら先を進める

さて、このとき質問にきた子どもは、「60分＝0.6時間」というところでつじつまが合わないことに気がつきました。

でも、**どの子どももみんな同じポイントで「あれ？」となるわけではありません。**

読者のみなさんが家で子どもに教えているときや、学校で教師が子どもの質問に答えているときなど、相手はひとりひとりちがうので、理解の仕方もそのスピードも同じではありません。

あくまでも目の前の子どもの顔をたしかめながら先を進めてみます。

もし目の前の子どもが「60分＝0.6時間」というポイントでピンとこないという顔をしていたら――「70分は？」「80分は？」と、そのまま先をつづけてみます。

そうして順番にやってみると、100分＝1時間というところにきて子どもが「あれ？」という顔をするかもしれません。

そうしたら、それは、子どもがこの時点でつじつまが合わないことに気づいたというサインです。

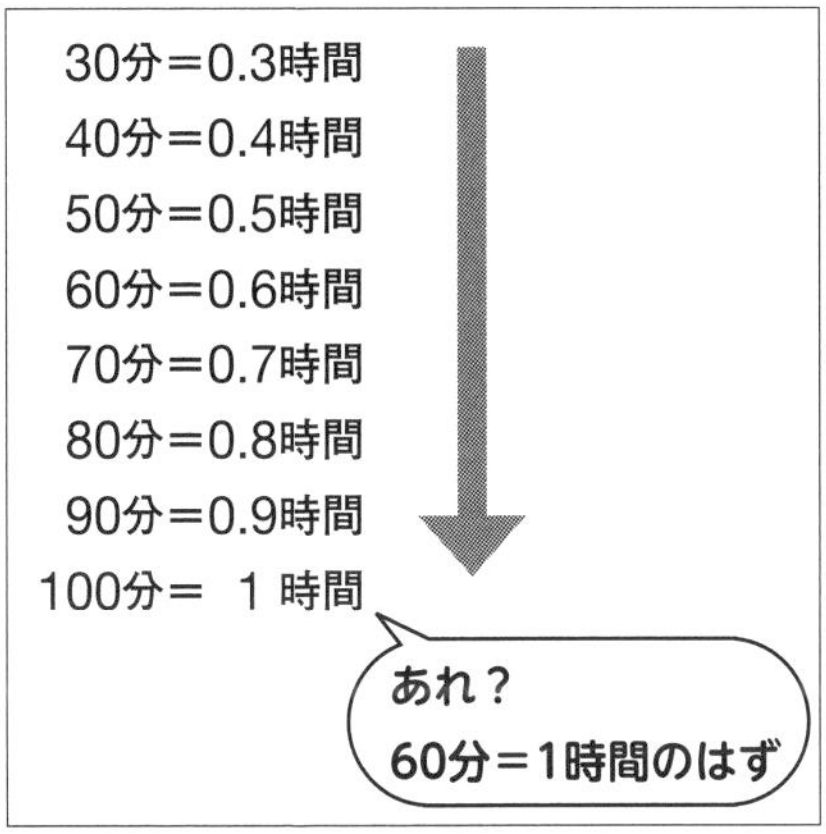
30分＝0.3時間
40分＝0.4時間
50分＝0.5時間
60分＝0.6時間
70分＝0.7時間
80分＝0.8時間
90分＝0.9時間
100分＝ 1 時間
あれ？
60分＝1時間のはず

このように、**子どものまちがいがなぜまちがいなのかを教えたいときには、まずは「子どものまちがいのままにいったん先を進めてみる」といい**のです。

そうして何歩か先を進めてみると、つじつまが合わないポイントに出会います。そこで子どもが「あれ？」となったとき、子どもははじめて自分の考えがおかしいのかもしれないと思いはじめるわけです。

もしも花壇の土が油でおおわれていたとしたら、そこに水をあげたとしても、その水は土のなかまでしみこみません。表面の油が水をはじいてしまうでしょう。

「30分は0.3時間のはず」と考えている子どもに47ページの図でいきなり説明しようとするのもこの状況と似ていて、その説明は子どもには伝わらないことも多いのです。

ですから、一見すると少し遠まわりなようでも、まずは表面の油をとりのぞいて、水がしみこむような土台づくりをするということです。

その土台づくりが、「子どものまちがいのままに先を進めてみる」というやりとりなのです。

「矛盾が見える」のが理解の入り口

さて、「60分＝0.6時間」もしくは「100分＝1時間」というところまできて、子どもの「あれ？」という声が聞こえてきました。

この「あれ？」の声が聞こえると、いよいよ47ページの図の出番かと腕まくりをしてしまいそうですが……もう少しだけ遠まわりしてみましょう。

子どもが自分の考えのおかしさにしっかりと気がつくために、もうワンクッションおいてみます。

子どもが「あれ？　60分が1時間のはずなんだけど」と声をあげたら、「そうだよね。60分＝0.6時間（100分＝1時間）になるなんておかしいよね」などといってから、今度は先ほどとは逆の流れのことをやってみます。

今度はスタートを「60分＝1時間」として、「じゃあ、50分は？」「40分は？」と順番にやってみるのです。

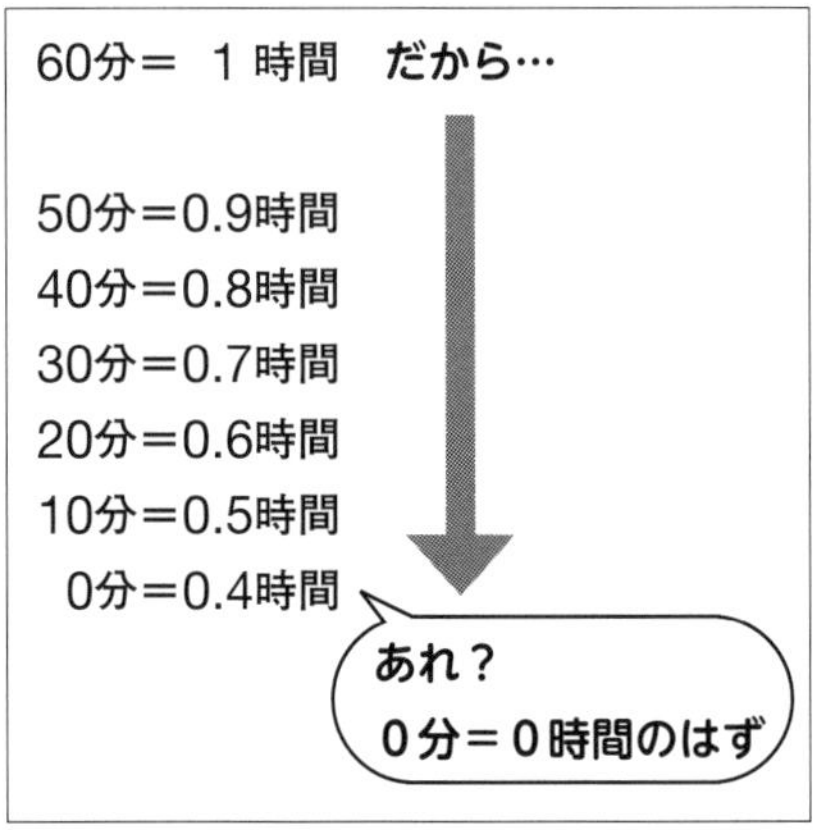
60分＝ 1時間　だから…
50分＝0.9時間
40分＝0.8時間
30分＝0.7時間
20分＝0.6時間
10分＝0.5時間
0分＝0.4時間
あれ？
0分＝0時間のはず

「0分＝0.4時間」というところまできて、またも「あれ？」となっている子どもは、やはり自分の考えがおかしかったのだと確信しはじめているでしょう。

先を進めてみると「60分＝0.6時間（100分＝1時間）」になったという矛盾。

さらにその逆をやってみたら「0分＝0.4時間」になったという矛盾。

こんなにおかしなことが次々と起こるのはなぜだろう？

どうやら30分を0.3時間と考えたところに、そもそもの原因があるのかもしれないぞという思いがたしかなものになっているのです。

この思いが子どものなかに根づいたら、それは表面の油がきれいに落ちたということです。水がしみこむための土台が整いました。

いよいよ47ページのような説明に入る扉がひらきかけています。

「30分＝0.5時間」が見える瞬間！

さらに先をつづけてみましょう。

これまで子どもの「30分＝0.3時間」というまちがいのままに進めてきた過程で、子どもは二つの「あれ？」というポイントに出会いました。

・矛盾その1　60分＝0.6時間（100分＝1時間）
・矛盾その2　0分＝0.4時間

この二つのポイントでつじつまが合わないと感じているわけですから、今度はそのつじつまが合うように二つのポイントを固定してみます。

・解決その1　60分＝0.6時間（100分＝1時間）↓　60分＝1時間

・解決その2　0分＝0.4時間　↓　0分＝0時間

つまり、スタートの「60分＝1時間」とゴールの「0分＝0時間」を固定してから、その間の数字を考えていくわけですが、実は次に見えてくるのは60分と0分の中間地点、つまり今回の子どもの疑問にズバリ答える30分のところなのです。

60分＝１時間

↓

30分は1時間の半分だから0.5時間！

↑

0分＝０時間

ここまできたらもう大丈夫です。

左の図（47ページと同じ）を机の上にひろげて、「60分＝1時間」だから「30分＝0.5時間」ということをおさえていけば、子どもの納得の声が聞こえてくるはずです。

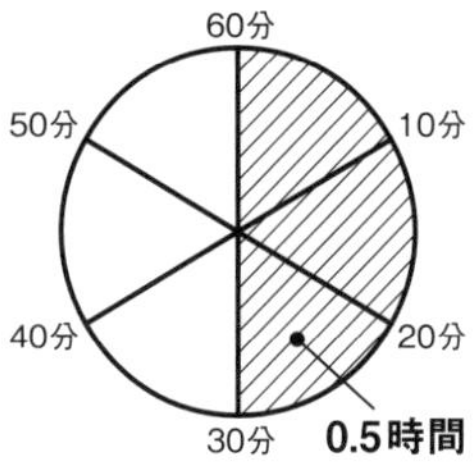

会話の
キャッチボール
なんで?
○○だからじゃないかな?
あれ? おかしいぞ…
子どもの気づきを待ってみる

スタートラインは、子どもの「なぜ？」

さて、これまでの子どもとのやりとりを整理してみましょう。

「30分＝0.3時間」からはじめて、「30分＝0.5時間」が見えてくるまでの会話のキャッチボールです。

① 子「なぜ、30分は0.3時間じゃないの？」
② 私「30分＝0.3時間なら、40分は？」…「60分は？」…「100分は？」
③ 子「60分＝0.6時間なんておかしい」「100分＝1時間なんておかしい」
④ 私「おかしいね。じゃあ60分＝1時間として、50分は？」…「0分は？」

⑤　子「0分＝0.4時間なんておかしい」
⑥　私「60分＝1時間、0分＝0時間にしたいから？」
⑦　子「30分＝0.5時間！」

このキャッチボールで、最初に「なぜ？」というボールを投げたのは子どもです。子どものボールを受けとったら、「それなら」といって、まずはそのボールの勢いのまま子どもにボールを投げかえしてみます。

そのボールをまた子どもが投げてきたら、こちらもまた素直に投げかえす。

これを何往復かやると、ボールが「あれ？」と子どもの手のなかで止まるときがやってきます。

そうしたら、こちらも「あれ？　おかしいよね」とひと呼吸。

そして今度は「じゃあ」といって、先ほどとはちがう角度から、でもボールの勢いは最初のままに子どもにボールを投げてみる。

それを何往復かするうちに、またあるタイミングで、はたと子どもの手が止まります。

この「子どもの手が止まる瞬間がくる」のが大切なことで、子どもが自分で考えてきたことのおかしさに気がついたというサインなのです。

このサインがたしかなものになったとき、その子どもは「30分＝0.5時間」を理解する入り口に立っています。

テスト用紙の裏にお父さんが描いた二つの図は、算数の観点からいっても子どものまちがいのポイントを的確にとらえていますし、子どもが「30分＝0.5時間」を理解するための魔法の杖となりうるものです。

ただし、その杖に魔法がかかるためには、その前段階に子どもとのやりとりが必要になるということです。

子どもと一緒に「おかしいね」と会話のキャッチボールを楽しんでいるうちに、子どもの目にはただの杖に見えていたものが、あるときパッと魔法の杖に変化する瞬間がやってくるのです。

「なぜ?」からはじまるキャッチボールを楽しむ

算数の少し専門的な話になりますが、このとき質問をしてきた子どものように、30分を小数で表す勉強をしている段階の子どもは、まだ「60を1と見る」(六十進法)というルールになれていません。それ以前の算数ではずっと「10を1と見る」「100を1と見る」(十進法)といったルールを学んできているので、いわば六十進法の超初心者なのです。

これまでずっと十進法をやってきた子どもが六十進法を学ぶ――あたりまえと思っていたルールが急に変わってしまうのですから、学ぶほうの子どもにとっては、それこそ天地がひっくり返ったように感じられてもおかしくはないでしょう。

「1時間＝60分」をいったん理解したように見えても、そのルールを使いこなすのに苦労するのは当然なのです。

算数・数学の世界というのはそもそも、古代数学から現代数学にいたる長い歴史のなかで培われてきたルールのうえに成立しています。小学校の算数とはいえ、子どもがその世界を学んでいくことは、一歩一歩が「未知との遭遇」、子どもがたくさんの新しいルールにひとつずつ出会っていくことでもあるのです。

この本を読んでいる大人のみなさんも、遠い記憶をたどってみれば、子どものころに算数を学ぶなかで同じような感覚を味わってとまどった経験が、多少なりともあるのではないでしょうか。

ですから、教える大人も「そう簡単には伝わらないのがあたりまえ」と思ってのんびりとかまえましょう。

子どもの素直な疑問のままに会話のキャッチボールを楽しめば、その会話自体が子どもの「なぜ？」に答える糸口になるのです。

さて。

それではここでもうひとつ、子どもの算数の疑問に答えてみることにしましょう。

今度は、小学校高学年の算数で子どもがつまずくことの多い「割合」の問題です。

「500円の20%はいくらになりますか?」という問題で、子どもが「500÷20」という式を立てました。

このような式を立てて割合の問題を解こうとするのは、割合をならったばかりの子どもがよくするまちがいなのです。

というのも、割合の意味をきちんと理解していなかったり、割合という考え方になれていなかったりする子どもは、「割合」という言葉を聞くと、その言葉の雰囲気から「割り算」を連想するのです。

そして、これまでの算数でずっとやってきたように「大きい数字を小さい数字で割ればいい」と思って「500÷20」という式を立てるわけです。

いざその500÷20を計算してみると、25円という答えが出る。25円なら500円よりも小さくなっているので、一見、20％の値段としてふさわしいように思えます。それで、「答えはこれでよし」「割合は完璧」と安心してテストを提出してみると、かえってきた用紙にはまさかの不正解の印が。そして、正解は「500×0.2＝100円」になるという……なぜ？

なぜ、「割合」なのにかけ算をしているの？？
なぜ、大きい数字を小さい数字で割るのではだめなの？？？
子どもの頭には「？」がたくさん浮かんでいます。

このように「500÷20」の式を立てた子どもに「500円の20％とはなにか」を教えたいとき、どのように会話を進めていけばいいでしょうか。

「なぜ、500÷20ではだめなの？」――子どもからの疑問でプレイボールです。

「なぜ、500÷20ではだめなの？」

「なぜ、500÷20ではだめなの？」

子どもが最初のボールを投げてきたら、さてどうするか。

先ほどの「なぜ0.3時間ではだめなの？」の会話のときと同じように、子どものボールを素直に受けとめてから、その勢いのまま子どもにボールを投げかえすという流れで進めてみます。

「なぜ、500÷20ではだめなの？」という子どものボールをキャッチするときのこちらの言葉は、「なるほど。500÷20＝25円なんだよね」。

そして、先ほどと同じように「じゃあ50％は？」とたずねてみます。

すると、子どもは「500÷50だから10円」と答えるでしょう。

そうしたら「なるほど、500円の50％は10円なんだね」とにこにこしながら返します。

この言葉を聞くと、子どもは「あれ？」となるかもしれません。50％は全体の半分のはずなのに、それが10円になるなんて安すぎると感じるわけです。


もしも、この50％のところでも、まだ子どもがおかしさに気がつかないという顔をしていたら、さらに先を進めてみましょう。

「では、100％は？」「500÷100だから5円。あれ？」

ここまでくれば、ほとんどの子どもが考えの矛盾に気がつくでしょう。


もうひとつ、同じような流れで進めるやり方で、図を使ってみるという方法もあります。問題の場面を図に表していくなかで、子どもの「あれ？」を引きだすのです。

まずは、子どもの「500÷20」という考えを認めながら、左の上のような図を描いてみます。

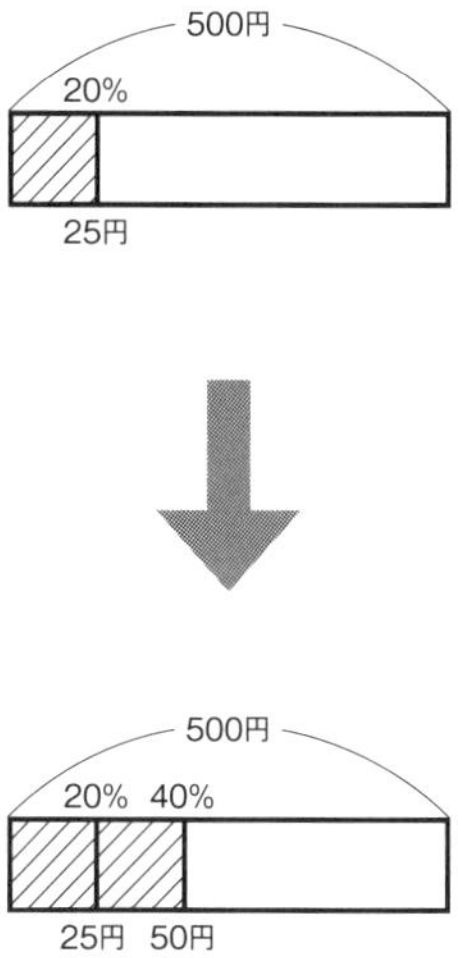

そして、今度は下の図のように40％の部分を描きたしながら「じゃあ、40％は？」と聞いてみます。先ほどと同じように、子どもが投げてきたボールの勢いのままにそれをポンと投げかえしてみるわけです。

すると、子どもは「50円」と答えるでしょう。図に50円と描きこみます。

さらにキャッチボールをつづけます。

「60％は？」「75円」。「80％は？」「100円」。「100％は？」「125円……あれ？」

はたと子どもの手が止まりました。油がとれはじめた瞬間です。

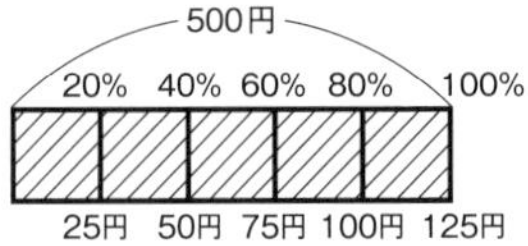

全体は500円のはずなのに125円になるなんて、つじつまが合わない、話がおかしい。「500÷20」と考えたことにそのおかしさの原因があるのかもしれないと気がつきはじめているわけです。

この瞬間がおとずれたら、「そうだよね。125円になるなんておかしいよね」といって次の展開につなげていきます。

まちがいに気がつくヒントは図のなかに

今回の会話は、500円の20％を求めるときに「なぜ、500÷20ではだめなの？」という子どもの疑問に答えることからスタートしました。

その「500÷20」という子どもの考えのままにキャッチボールを進めて74ページの図までたどりついたわけですが、この図が描きあがるころには、実はその図のなかにズバリ子どもの疑問に答える鍵が顔を出しているのです。

つまり、500円の20％を考えるために、図では全体を5等分しているということ――

500円を5つに分けたときのひとつ分の値段を出したいということが、見た目にもわかってくるわけです。

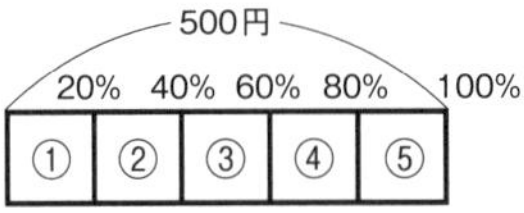

そこがわかれば、500円の20%を考えることは、500を20に分ける話ではない、つまり「500÷20」の式を立てることではないということを子どもが感覚的につかみはじめるでしょう。

割合の問題というのは、単に出てきた数字をそのまま割り算の式にするのではいけない、もっとほかの式をつくらなければいけないようだという思いが、このとき子どものなかに生まれてきているはずです。

ここまでくると、「なぜ、500÷20ではだめなの？」という子どもの「？」はいったん解消するでしょう。なかには、図の5等分を手がかりとして「500÷5＝100円」と答えを出す子どももいるかもしれません。

この「500÷5＝100円」の式は、実は「500×0.2＝100円」の式と同じことをしているわけなのです。

「500×0.2」というのは、もとをたどれば百分率の「500×20/100」をやっていることですし、この「500×20/100」を整理すると「500×1/5」、つまり「500÷5」が見えてきます。

このように、一般的に知られている割合の公式の裏には、長い式変形のバトンタッチがあるわけです。ただ、この段階では子どもは「なんだか変だ」ということはわかったとしても、どうしてこのような式になるのかはわからないままです。

割合を学んでいる初心者に割合を教える、これは学校の教師でも苦労するところです。割合だけで一冊分必要になります（笑）。だから、割合が苦手な子についての指導法は本書ではここまで。くわしく知りたい方は、拙著『わくわく算数忍者〈6〉割合入門編』（文溪堂）をご覧ください。

いずれにしても、この章でお伝えしたかったのは、**「子どものまちがいのままにいったんその先を進めてみる」という教え方があるということです。そして大人は、子どもとのキャッチボールを楽しみながら子どものそばでゆったりとかまえましょう。**

このようなキャッチボールをすることが、子どものまちがいがなぜまちがいかを教えるときのコツなのです。

こうしてボールをやりとりするなかで子どもが自分の考えのおかしさに気がつくところまでいけたら、まずここまででミッション完了。このときの子どもは表面の油がとれているので新しい情報を受け入れる準備ができています。

そうして心の状態が整えば、子どもはこれまで理解できなかったことも理解できるようになるのです。

第3章

「話したい」を育てる教え方

大人と子どもの「共通の入り口」を探す

算数の授業で、先生が一年生の子どもに問題を出しました。

「おまんじゅうが10個ありました。まず2個食べました。次に4個食べました。おまんじゅうはいくつになりましたか？」

すぐに、ある子どもが手を挙げて質問をしました。

「先生、どっちのことですか？」

この質問の意味がわからずに先生がとまどっていると、教室のほかの子どもが助け舟を出しました。

「だから、残っているおまんじゅうの数なのか、おまんじゅうを食べた数なのか、どっちの数を答えればいいのかを知りたいんだよね?」

私がある先生から聞いた算数の授業での実話です。

冒頭の問題に「10－2－4＝4」と答える大人が読めば、このやりとりは笑い話だと思うかもしれません。

ただ、質問をした子どもには次のような言い分があったそうなのです。

「だって、おまんじゅうを6個も食べたら、気になるのはおなかのほうだよね」
「6個も食べたら苦しくないのかな」
「まさか、ひとりで6個も食べたんですか?」

この言い分を聞けば、子どもの「どっちですか?」という質問もなるほどと思えるのではないでしょうか。

子どもの質問に答えるときには、まずは「子どものわからなさ」を大人が理解することがそのスタートになります。

「残っている数なのか食べた数なのか、どっち？」という子どもの疑問のように、その**子どもが「なにを知りたいと思っているのか」「なにがわからないのか」ということをきちんと理解しないうちは、子どもの納得を引きだすような答え方はできない**からです。

このとき算数の授業をした先生も、「子どものわからなさ」がわからなかったからこそ返答に困ったわけです。

その先生は、助け舟を出してくれた子どもの言葉を聞いてはじめて、「そこが知りたかったのか」と合点がいったとお話されていました。

前の章で書いた、子どもの算数の疑問に答える場面と同じです。

つまり、「子どものまちがいのままにいったん先を進めてみる」というのは、「子どものわからなさ」を大人が理解するための診断のようなものともいえるのです。

子どもの疑問からスタートして、ボールをやりとりするなかで「あれ？」と子どもの手が止まる瞬間がきたらチャンス、そこが子どもの「わからない」というサインだと思ってください。

その**「あれ?」がおとずれたとき、子どもは理解するための入り口に立っていて、それは大人が子どもに教えるための入り口にもなる**ということです。

子どもが話したくなる二つの演出

子どものまちがいのままにいったん進めてみて、「あれ？」と子どもの手が止まったときが理解の入り口になる――私はこのことを「逆に」使って授業で子どもたちとやりとりをすることもあります。

子どものまちがいからやりとりをはじめるのではなく、その逆に、私のほうからあえてまちがった問いを子どもたちに投げかけてみるのです。

たとえば、「30分＝0.5時間」を子どもたちがきちんと理解しているかたしかめたいという場面があるとしましょう。

そこで、まずは私のほうから「30分＝0.3時間だよね？」とまちがった問いを教室の子どもたちに投げかけてみます。

その私からの問いに対して子どもが「あれ？」「ちがうよ」といってきたら、私が「えっ、どうして？」と理由をたずねます。

すると、子どもは「だって、30分＝0.3時間なら、60分＝0.6時間になっちゃうよ。60分＝1時間なのに、おかしいよ」などと説明してくれるでしょう。

この子どものように、まちがいの内容をしっかり説明できるということは、その理解がたしかなものであるとわかるわけです。

つまり、まずは大人がまちがうことからはじめて、そのまちがいに「あれ？」と気づいた子どもがそのおかしさについて説明する流れをつくるということです。

このように子どもが説明するというやりとりは、大人から説明されるのを受け身で聞いているよりも深い理解につながります。

子どもが自分の言葉で説明するというのが、いちばんいい勉強になるからです。

スタートで私があえてまちがった問いを投げかけるのは、このように子どもが説明して大人がそれを聞くという図式をつくるためのちょっとした演出なのです。

これと同じように、子どもが説明するような流れをつくるためのもうひとつの演出としては、その場にいない子どもがまちがった体《てい》にするというやり方もあります。

まずは「30分＝0.3時間と考えた子どもがいたんだって」と話してみるのです。

そして、「その子どもに30分＝0.5時間ということを説明するには、どのようにお話したらいいと思う？」と教室の子どもたちに投げかけます。

すると、子どもは先ほどと同じように「だって」と説明する立場になり、私はその説明を「なるほど」と聞く立場になるわけです。

いずれにしても、大人が子どもに説明するという図式ではなく、子どもが自分の言葉で説明したくなるような図式をつくるということです。

その図式をつくるためのスタートが、「大人がまちがってみる」「こうまちがった子どもがいたんだって」という投げかけなのです。

おいしいところは子どもにあげる

私があえてまちがってみたり、その場にいない子どもがまちがったという体《てい》にしたりすることで、子どもが大人に解説するという図式をつくる——このようなかたちで子どもとのやりとりを進めることは、子どもの理解が深まるということのほかにも、もうひとついいことがあります。

それは、こうしたやりとりなら、**子どもと大人が目線をそろえて勉強することができる**ということです。これは私が教師としてとても大切にしている基本姿勢のようなものでもあります。

子どもの質問に答えるにしても、子どもになにかを話して聞かせるにしても、子どものわからないことを大人が上から説明すれば、聞いている子どもは大人に責められているように感じるでしょう。

一方で、大人のほうがまちがったことを問いかけて、そのまちがいについて子どもが説明するのであれば、そのとき子どもと大人は同じ目線で話をしているはずです。

上から責められていると思うと子どもは萎縮《いしゅく》してしまいますが、子どもと大人が目線をそろえて話をすることができれば、子どもはのびのびと考えることができます。

「こうまちがった子どもがいたんだって」と、その場にいない第三者の話にするのも同じことです。

子どもが架空の話として聞いていれば、もし同じようにまちがっている子どもが教室にいたとしても、そのまちがいの理由について冷静に考えることができるはずです。

大人があえてまちがってみるときと同様、教師と目の前の子どもが目線をそろえてやりとりをしていくことができるのです。

上から説明するのでは
子どもは萎縮してしまう

子どもと同じ目線で話してみる

子どもが「だから、そうじゃなくて」と説明して、大人が「そうか、なるほど」とその説明を聞くような図式なら、子どもははりきって話をします。

そうしてはりきっているときの子どもは、「この大人にどう説明したらわかってくれるのだろう」と必死で言葉を探したり図を描いたりしています。

この**必死になっているときの子どもの姿こそ、子どもの考える力が育っている時間**だと思うのです。

「どうしたら子どもの考える力を育てることができますか？」と教師や保護者の方たちからよく聞かれますが、その質問に対する答えは、こんなところにあるのではないかと思います。

つまり、子どもが考える場面をつくるために、「大人が一歩引く」「大人が子どもよりも先まわりしない」ということです。

子どもに接するときのこんな大人のかまえ方こそ、子どもの考える力を育てる土台になると思うのです。

大人が子どもよりも先まわりしない

学校の休み時間になると、子どもたちは連れだって私のところに算数の質問をしにやってきます。その日の授業で質問できなかったことや、前にならった内容でどうもよくわからないと思うところなど、それぞれに聞きたいことをもってやってくるのです。

部屋に何人もの子どもが集まってくる、それも一人ひとりが質問を用意してやってくるとなると、私がひとりですべての質問に答えられるわけではありません。

その場ではいつしか、居合わせた子どもたちどうしが、お互いのわからないところを教えあうようになりました。

子どもが子どもに教えるわけですから、教師役も子どもです。

私はそのやりとりを聞いてあいづちをうったり、子どもどうしの話をつないだりする、いってみれば司会者のような役まわりになっています。


ある日、私がいつものように子どもどうしで算数を教えあっているのをそばで眺めていると、教師役をしていた子どもがふざけはじめました。

「これは？　7だから？　え、7だからどうするの？　さっきやったでしょ？　え、かける？　かけて？　かけてからどうするの？」

その子どもは、別の子どもを相手に分数の計算を教えているところだったのですが、「これ、うちのお母さんのモノマネ」といって笑っています。

先のセリフは、その子どものお母さんが家で算数を教えてくれるときの口調だそうで、その子いわく「ドラマで見る刑事さんの尋問みたい」。

すると、その話を聞いていた別の子どもが「うちも同じ」と声をあげました。

「うちはね、お父さんが私に『さあ、やってごらん』っていってるのに、その三秒後に『これはさ』って説明する。図形に赤ペンでさっと補助線とか引いて『この線が見える?』って。しかも、そのときのお父さん、なんかすごくうれしそうなんだよね」

ふたりの子どもたちは、「そんなに急がされたんじゃ、こっちは考える時間もないよね」と口をそろえて大笑いしていました。

実際、このような接し方は、大人が子どもに教えようとするときによくやってしまうことで、教師が子どもに教えるときにもよく目にする光景です。

授業中、子どもが手をあげて自分の意見をいったのに、その子どもが話しおえるが早いか、教師が「そうですね、あなたのいうとおりです。実は……」とその先を引きとってしまうのです。

発表した子どもは、立て板に水のごとく説明する先生を見て、「あれ? いまは僕が話す番だったはずなのに」とぽかんとしているというわけです。

これらのように、大人が子どもに教えるとき、教える内容についてすでに知識をもっている大人は、子どもよりも先まわりしてしまうことが多いということです。
もちろん、教えるほうも意地悪でやっているのではなく、子どもの考えを助けようとフォローするつもりでそうしているのでしょう。

でも、親がいつも子どもの先に立って「それで？」「だから？」「つまり？」と誘導していては、子どもは落ちついて考える余裕がありません。
そうして**いつも大人が先まわりしていれば、子どもは自分で考えることをしなくなってしまう**のです。

ひとつ話しかけたら、次に話すのは少し待つ

「いい家庭教師は、子どものそばでマンガ本を読んでいる」と昔からよくいわれています。

子どもに問題を出したあとは、子どもにひとりでその問題に向かわせて、教える大人はその間になにか別のことをしているくらいのほうがいいという教えです。

冒頭の言葉の裏を返せば、「へたな家庭教師は、子どものそばにずっとついている」となるわけで、いずれにしても、子どもに教えるときには子どもにひとりで考える時間を与えることが大切だと、説いているのです。

これと似たような話で、学校の教師が子どもに接するときの心得を説くものもあります。

へたな先生は、子どもたちを見てまわりながら次から次へと子どもに質問する一方で、いい先生は「ここをちょっと見直してごらん」とひと声かけて、すぐにその場を離れるというお話です。

そうして教室を一周してからその子の机のところに戻ってきて、「さっきのどうだった？」と子どもにたずねます。すると、先生がいない間に子どもはひとりになるので、その時間を使って子どもはじっくりと考えることができるのです。

私の長年の実感としても、子どもに教えるときには、この**「ちょっとした間《ま》をつくる」ということが子どもの考える力を育てるためにとても大切**だと思っています。

子どもにひとつ話しかけたら、その次に話しかけるのはちょっと待ってみる。

そんな空白の時間を少し意識するだけでいいのです。

こちらが投げかけたことに対して、子どもからすぐに期待どおりの反応がかえってこなくても、そこですぐに「実はね」などと解説をはじめるのではなく、ちょっと時間をおいてみます。

冒頭の家庭教師の話にならって、ときには、大人がその場を離れてなにか別のことをしてみるのもいいでしょう。

たとえば、子どもと一緒に勉強をしていて「これは、7だから？　うーん、そのあとどうすればいいんだろうね？」と問いかけたあとに、「あ、そうだ、牛乳を買ってこなきゃいけないんだった」などといって買いものに出かけてみます。

十分後に帰宅すると、玄関のドアをあけるが早いか「お母さん、わかった！」という子どもの声が聞こえてくるかもしれません。

そうして「7に3をかけると21になるから」などと子どもが説明するのを「そうか、21は7の倍数だもんね」と大人がうれしそうに聞けば、子どももますますはりきって説明してくれるはずです。

自分が発見したことを相手に説明するのは、相手の説明を聞くよりもずっと楽しいものですし、その説明するという行為のなかで、考える力も育っていくのです。

この逆に、大人が「だって21は7の3倍でしょう？」などと説明すれば、子どもは次に同じような問題を解くときにも、まずは大人の顔色を見るようになります。

ノートにおそるおそる書いたあとに親の顔をパッと見る――そこでお父さんのしかめっ面《つら》が目に入るや、ノートに書いた数字をさっと消して別の数字に書きなおす。

このようなやり方では、たとえ子どもが正解にたどりついたとしても、それは子どもが自分で考えて出した答えとはいえません。

大人がいつも先まわりしていると、子どもはつねに大人の顔色を見て物事を決めるようになり、結果として自分でものを考えることをしなくなってしまうのです。

子どもの考える力を育てたいなら、まずは大人が一歩引く。

「ひとりで考える時間を子どもにあげる」ことが、子どもの考える力を育てる最初の一歩になるということをおぼえておいてほしいと思います。

子どもの疑問に100％の答えを出さなくていい

まわりの教師の方たちや保護者の方たち、普段から子どもに接している大人の方たちとお話をしていると、子どもに教えるときには、大人がその教える内容についてしっかり理解していなくてはいけないと思っている方も多いようです。

大人がその内容の一から十までを把握していなくては子どもに教えることができない、子どもがわかるように説明することができないと思っているようなのです。

たしかに、仕事で大人を相手に専門的な知識を伝えるといった場面では、教える側の知識のたしかさがものをいうこともあるはずです。

私も大学で講義をする場合など、ときにはこちらの知識を説明的に伝えるようなやり方をすることもあります。

でも、長年、小学校教師として子どもたちと接してきた私の経験からいえば、子どもから「なんで？」「どうして？」とたずねられたときに、そばにいる大人がまずやるべき大切なことは、その「なんで？」にきれいに答えることではありません。

子どもの疑問に答えるときの大人の役割はむしろ、「なんで？」からはじまるやりとりを子どもと一緒になって楽しんでみることです。

その**子どもとの会話を楽しもうとする姿勢のほうが、きれいな答えを用意することよりもずっと重要**なのではないかと思っています。

この本を読んでいるみなさんもよくご存じだと思いますが、小さな子どもというのは例外なく好奇心旺盛です。いつも「なんで？」「どうして？」とまわりの大人に質問します。

この「なんで?」という姿勢こそ、子どもがもともともっているエネルギーの正体で、勉強とか好きなことをがんばる原動力でもあるわけです。

「なんで?」「どうして?」と不思議だから物事を知りたい、わかりたい、できるようになりたいと思うのでしょう。


ですから、そんな子どものそばにいる大人の役割は、その子どものエネルギーをさらにふくらませるということ——**子どものがんばろうとする力、前に進もうとする力をあと押しする**というシンプルなことだと思うのです。


大人は子どもよりも長く生きているわけなので、そのぶん知識の量は子どものそれよりもはるかに多いはずです。

そうかといって、私自身もそうですが、子どもの「なぜ?」にすべて答えられるかというと、それはどんなに知識のある大人であっても無理なことでしょう。

もっといえば、**教える大人が答えをすべて知っている必要などない**と思うのです。

たとえ「なぜ？」の答えを知らないとしても、子どもと一緒になって「なぜだろうね？」とまずは共感することからはじめましょう。そして、それを不思議だと思ってたずねることができた好奇心をおおいにほめてほしいと思います。「なぜ？」と疑問をもつその視点や姿勢は、ほんとうにすごいことなのです。

そうしておいてから、親も一緒に考え、悩めばいいと思うのです。

一緒になって考えてくれる、共感してくれる大人がそばにいてくれることこそが、実は子どもの前向きなエネルギーの源なのですから。

イライラしない、疲れない、話し方のコツ

ある日の夕方のこと、モノレールに乗っていると、はす向かいの席に座っていた親子の会話が耳に入ってきました。

その親子は動物園からの帰りだったのでしょう。六歳くらいの女の子が動物のあれやこれやについてしきりにお母さんに話しかけていました。

女の子が「ねえねえ、どうしてパンダの目のまわりは黒いの?」とたずねると、

「えー、どうしてって。だって、パンダは耳も黒いじゃない?」とお母さん。

女の子は「そっか、耳も黒かったかな」といったん引きさがったかに見えましたが、

「じゃあ、どうして黒いところと白いところがあるの？」と食いさがります。

私はこの女の子の論理力に感心しながら話を聞いていたのですが、当のお母さんは、子どもの「どうして？」攻撃にさすがに疲れてしまったようです。

「どうしてって、お母さんだって知らないわよ。学校に行って先生に聞きなさい」

お母さんから会話終了の印籠《いんろう》をわたされた女の子は、少ししょんぼりしたように見えました。

前の項で、子どもの「なんで？」はエネルギーの正体だと書きましたが、このときのお母さんのように、日々、子どもからの質問攻めに疲れているという子育て中の方たちの声もよく聞きます。

子どもがとにかく「なんで？」「どうして？」と聞いてくるので、その質問にていねいに答えていては身がもちません――学校で日々、子どもたちから同じように質問攻めにあっている私にも、そんな親御さんたちの苦労はよくわかります。

ただ、もし子どもからの「なんで？」に疲れてしまっているとすれば、それは、やはりすべてに答えないといけないと思っているからです。

大人はいつも子どもに教える立場でいなければいけない、子どもから聞かれたことに完璧に答えを出さなくてはいけないとかまえてしまえば、子どもから質問されるたびに緊張感やイライラする気持ちが生まれてきてしまいます。

「なんでパンダの目のまわりは黒いの？」という質問のように、うまく答えられないことがあったら、先に述べたように「すごいね。そんなことを考えられるんだね」などと素直に返してみればいいと思うのです。

そして「だって、お母さんはパンダを見てもそんなこと思わなかったよ」と子どもの視点をほめれば、ほめられた子どももうれしいでしょう。

さらに「お母さんもちょっと気をつけてまわりを見て、不思議だと思うものを見つけてみるよ」などといって、「じゃあ、お母さんからもどうしてって聞くよ？」と、子どもと一緒に「どうして合戦」をしてみてもいいのです。

つまり、**子どもからの「なんで？」に対して100％の正解を出そうと思わないことが、**
子どもとやりとりをするときにイライラしないためのコツです。

子どものやる気を育てる言葉、半減させる言葉

子どもの質問に対して大人が100％の答えを出そうと思わなくていいのは、日常のなにげない会話の場面だけでなく、子どもに勉強を教えるときも同じです。

第2章で書いたような算数の疑問に答える場面でも、「なんで？」に対する答えをきれいに説明しなければならないと大人のほうがかまえれば、大人の理解しているやり方をそのまま子どもに押しつけてしまいます。

そして、子どもが納得しなかったときに「なんでわからないの？」と子どもを責めるような言葉が口をついて出るかもしれません。

「そんなこともわからないの？」「だから、前にもいったでしょう？」「学校で先生の話を聞いていないでしょう？」などという言葉は厳禁！

せっかくの子どものやる気に水をかけてしまうようなものなのです。

その逆に、子どもにほんとうにかけたいのは、やる気を育てる言葉です。

子どもから「なんで？」と質問をされたらまずはひと呼吸。

「そういえば、お母さんにもそういうことでわからなかったことがあったな」

こういうひと言があるだけでも、子どもの勉強に向かう気持ちは前向きになります。

そして、会話のキャッチボールを進めていくなかで子どもが「あれ？　おかしい」と気づいたときには、「ほんとうだ、おかしいね」「あれ、変だね」。

ここで「ほらね」「やっとわかった？」と、なんでも知っている嫌味な大人にならず、子どもと目線を合わせるようにして会話をすれば、子どもの学ぼうとするエネルギーは必ず前向きのまま進むでしょう。

もちろん、第2章で書いたようなやりとりは、子どもの疑問に答えるときのひとつの理想形ですから、必ずしもそのとおりに進められなくていいのです。台本どおりにやりとりを進めることが重要なのではなく、むしろ「大人が子どもよりも前に出ない」「子どもの声をひろってやりとりを進める」という姿勢のほうがずっと大事なことだからです。

子どもと会話をするときには、大人がかける言葉そのものも大事ですが、その言葉を支える大人の姿勢や、子どもに接するときの大人のかまえ方のほうが、子どものやる気を大きく左右します。

つまり、勉強を教える場面でも、大切にしたいことは、前項で書いた日常会話のときとまったく同じだといえるでしょう。

子どもの視点を肯定しながら、子どもと肩をならべて会話をすることが、子どものやる気を何倍にも育てることになるのです。

どうしてパンダの目のまわりは黒いの？
どうしよう 正しい答えを 教えられない…
100%の答えを出そうとしない
どうしてだろうね？一緒に考えてみようか
うん♪

質問すること、それが子どもの力になる

十数年前のこと、ＮＨＫの教育テレビで、小学生向けの算数の番組に出演していたことがあります。

その番組は、一般から募った小学生の子どもたちを相手にスタジオで私が実際に算数の授業をし、視聴者の子どもたちもテレビのなかの子どもたちと一緒に算数を学んでいくという趣旨のものでした。

その番組終了からしばらくたったある日のこと、六年生の子どもが私をたずねてきました。

その子どもは、私が担任していたクラスの子どもでもありませんでしたし、算数の授業を担当している教室の子どもでもありませんでしたが（私の学校は教科ごとに教師がかわります）、「先生、私に算数を教えてもらえませんか」というのです。

聞けば、私が出演していたそのテレビ番組を入学前から熱心に見ていて、もしこの学校に入学したら、必ずこの先生に算数を教えてもらおうと思っていたそうなのです。

でも、とうとう私は担任にもならなかったし、授業の担当でもなかった。それで、どうしたらいいかと考えたすえに、こうして私を直接たずねてきたということでした。

その子が六年生になったばかりの四月のことでした。

「休み時間に算数の質問にきてもいいですか？」というその子からの相談を受けて、私はしばし考えました。

そして「じゃあ一日ひとつ、算数の質問においで。それならいいよ」と答えました。

それからの一年間、その子は学校がある日は毎日、私のところにやってきました。

授業のなかでよくわからなかったこと、疑問に思うことを休み時間にひとつずつ、私に「ここを教えてください」とやってくるのです。

その子は、算数は苦手なほうだと思っていたそうで、だからこそその苦手意識を克服できればと相談にきたそうでした。

実際に、用意してくる質問も最初のころはとんちんかんなもので、私もその内容を聞きながら「そうか、ここからわかっていないのか」とおどろくことがしばしばでした。（算数は、学ぶ内容につながりがあるので、どこかでつまずくと、そのあとの内容がどんどんわからなくなるということがあります）

それでも必ず、お昼休みに質問をもってやってきます。

そして十分や十五分、私と算数の勉強をしてから「あ、先生、わかった」といって教室に帰っていく――そんな時間が一年間つづき、その子はぶじに小学校を卒業していきました。

それから数年後のこと、私が駅のホームで電車を待っていると、うしろから「田中先生」と声をかけられました。

ふり返ると、あのとき毎日算数の質問にきていた子どもで、「先生、元気ですか？」とうれしそうにしています。

おどろいたのは次のひと言でした。

「私、この間、数学の学力テストが学年でいちばんだった」

たしかに、お昼休みに一緒に勉強をしながら、その子が着実にのびてきていることは感じていましたし、小学校を卒業するころには質問するポイントもどんどん鋭くなってきていました。

一年間でもたしかに変化はしていましたが、最初に私をたずねてきたころのことを思いかえすと、その子がまさか学年でいちばんになるなど想像できなかったのです。

思わず「は？　いちばん？」と聞きかえした私の顔を見て、その子は「小学校六年生のときにはお世話になりました。いま中学三年生です」といって笑っていました。

この子どもの話は、いまも私が子どもに算数を教えるときによく思いだすことです。

子どもが苦手だと思っていることでも、「一日ひとつ質問をする」、そんな小さなこ

とのくりかえしで子どものがんばる気持ちは必ず育ちます。

それが成果としてきちんと表れるということを、私はこの子どもから教えてもらいました。

第4章

「わからない」に答える教え方

「なにがわからないのかわからない」という子どもには

休み時間に毎日ひとつ質問をしてきた子どもが、算数がどんどん得意になっていったというお話を書きました。

勉強とは「わかることとわからないことの境界線を探ること」ともいえます。この子どものように、質問ができるというのは、その境界線を子どもが自分で見つけられたということでしょう。

第2章での子どもの姿も同じです。

「30分＝0.3時間」とまちがった子どもも、500円の20％を問われて20で割ってしまった子どもも、いずれも「それがなぜまちがいなのかがわからない」という問題意識があるわけです。

つまり、このときの子どもたちは「なにがわからないか」を理解できているといえるでしょう。


一方で、子どもが「勉強がわからない」というときには、その子ども自身、「なにがわからないかがわからない」という場合もあるわけです。

そういう子どもに、大人が「なにがわからないかをいってごらん」と声をかけることがありますが、それでは子どもの助けにはならないのです。

というのも、**「なにがわからないのか」がいえたとしたら、その子どもはもうわからないことについてわかりかけているといえる**からです。


たとえば、自分でつくった料理の味がいまひとつだったというとき、そのうまくいかなかった原因が食材の選び方なのか、調理の時間なのか、調味料の加減なのか、そうした原因がわかれば、次はなにを工夫すればいいのかが見えてきます。

でも、なれない料理だったり、そもそもが料理の初心者だったりすれば、そうした見当をつけることもままならないはずです。原因がわからないわけですから、次につくるときにどう工夫すればいいのかも見えてはきません。

勉強で「なにがわからないかがわからない」と思っている子どもに「なにがわからないの？」とたずねるのもこれと似たようなことで、そのやりとりでは出口のない堂々めぐりになってしまうのです。

では、「なにがわからないかがわからない」という子どもと一緒に勉強をするときに、大人はどのように働きかけてみればいいのでしょうか。

子どもの「わからない」に答えたいけれど、スタートは子どもからの質問ではないというとき——たとえば目の前の子どもが、計算問題のページを前に、どう手をつけていいのかわからないと困っている場面です。

いま目の前にいる子どもは、計算問題が得意ではなく、テストでいつも答えをまちがってばかりだとします。

それで、自分でも苦手意識をもっているのでしょう。左のようにずらりと並んだ問題を見ただけでもうお手上げ状態という顔をしています。

筆算でしましょう。

① 4×1.6
② 8×0.5
③ 19×1.9
④ 5.4×1.2
⑤ 2.6×0.4
⑥ 2.8×1.5
⑦ 0.5×0.6
⑧ 2.5×0.8
⑨ 3.4×1.8
⑩ 1.6×7.3
⑪ 6.32×6.8
⑫ 8.25×2.4

このような子どもにどのように声をかければいいでしょうか。

「どの問題ならできる？」とたずねてみる

ずらりと並んだ計算問題を①から順に子どもとやって、ひとつひとつ子どものわからなさを探っていく――これは正攻法かもしれません。

でも、このときの子どもは、目の前の問題に苦手意識をもっているわけです。計算問題を解くのが好きな子どもならともかく、その真逆の状態にある子どもが①から順にしらみつぶしにやっていくのは、苦痛以外のなにものでもないはずです。

私なら、そんな状況の子どもにこんなふうに声をかけてみます。

「じゃあ、この問題のなかで、今日は三つだけやってみない？　どの問題ならやってみたいと思う？」

すると、子どもは「えーとね、待って、待って」などといいながら、まずは自分でもなんとか手がつけられそうに思える問題を選ぶでしょう。

そして「②ならできる」と選んで「8×0.5＝4」と答えを出します。

そうしたら「そうそう、よくできたね。じゃあ次にやりたいのはどれ？」。

子どもはまた「えーと」といって、「⑦番ならできるかも。0.5×0.6だから……答えは3」などと、ここでまちがった答えを出すかもしれません。

筆算でしましょう。

★① 4×1.6　→できそう
★② 8×0.5　→できた！
③ 19×1.9
④ 5.4×1.2
⑤ 2.6×0.4
⑥ 2.8×1.5
★⑦ 0.5×0.6　→できそう
⑧ 2.5×0.8
⑨ 3.4×1.8
⑩ 1.6×7.3
⑪ 6.32×6.8
⑫ 8.25×2.4

そうすれば、この子の場合は、小数点のつけ方をきちんと理解していないということがわかります。「8×0.5＝4」はできたけれど、「0.5×0.6＝3」とまちがうのは、数字をかけ合わせたあとの小数点の処理ができていないということだからです。

そのことがわかれば、0.5×0.6の筆算の手順を一緒にゆっくりとやってみて、小数点のつけ方をおさらいすればいいのです。

ここまでのことをしっかり理解できれば、実は①～⑫の問題はすべて解けたも同然といえるでしょう。

小数点の処理の仕方をいったんきちんと理解することができれば、一見ややこしそうに見える⑪や⑫も同じ手順でクリアできる問題だからです。

このように、なにから手をつけていいかわからない、苦手意識があるという子どもには、「どの問題ならできる？」とたずねることから勉強をはじめるのもひとつの方法です。

「苦手をなくす」のは、一日ひとつでじゅうぶん

すべての問題をしらみつぶしにやるのではなく、子どもがやりたい問題を自分で選ぶことで、子どもの「なにがわからないのか」が見えてきます。

「なにがわからないのか」が見えることは「なにを教えればいいのか」も見えてくるということなので、大人が教えるときのポイントも的確になるのです。

もし、子どもが「体調が悪い」といってきたら、まずは子どもに「どこが具合が悪いの？」とたずねるでしょう。

「頭が痛いの？」「おなかが痛いの？」と子どもに聞いたり、はたまた熱をはかって

みたり病院で診断してもらったりして、体調がすぐれないことの原因を突きとめようとするはずです。

そうして原因がわかったところで、じゃあどうすればいいのかと対処法を考えます。

子どもが自分で問題を選ぶのもこのときのやり方と似ていて、子どもが理解していないところを探る問診のようなものなのです。

問題を選ぶときに「これならできそう」「うーん、この問題はなんかいやだな」と子どもが自分で考えること自体がとてもいい勉強になります。

そして、そんな子どもの声を聞けたら、大人も「どうしてこの問題がいやだと思ったの？」などとたずねて会話のやりとりを進めていくことができるでしょう。

子どもの「わからない」ことに光をあてる会話の糸口がつかめるのです。

苦手だと思っている問題が並んでいるのを前にすると、子どもはもうそれだけで勉強する気をなくしてしまうことがあります。

教科書でもドリルでも、そのページを広げてみたはいいけれど、なにも手をつけないまま一時間、机の前にぼんやりと座ったまま……自分には手に負えなそうな問題が並んでいると見るや、その子どもには、目の前の問題があたかも魔法の呪文のように映ってしまうものなのです。

そこで、そばにいる大人が**「どれならできそう?」と声をかけてみると、そのひと言が最初の突破口になることがある**のです。

そうして、子どもが選んだ問題を一緒にやってみたり、「どうしてこれを選んだの?」「なぜこの問題を選ばなかったの?」などと会話のやりとりを進めていったりすれば、その会話のなかで「わからなさ」の輪郭が子どもの目にも大人の目にも見えてきます。

なにがわからないのか、子どもが自分でもこんがらがっていた箇所が、大人との会話をきっかけに、少しずつ明らかになっていきます。

ところで、先ほどのような低学年の計算問題なら三つくらいに数をしぼってもいいのですが、解くのにそれなりに時間がかかる高学年の問題などは、「ひとつだけ」選んでやってみれば、それでじゅうぶんだと思います。

教科書などに三つほど練習問題が並んでいたら、「どの問題ならできそう？」と聞いてそのひとつに集中すればいい。

ひとつだけをしっかり理解することができたら、その考え方を使ってほかの問題も解くことができますし、そうしてひとつの考え方をほかの問題につなげていくことができるのは、算数の特徴であり魅力でもあるのです。

なにより、「ひとつだけ」ということなら、苦手意識がある子どももなんとかできそう、やってみようと思えます。それが「ひとつ選んでやってみる」ことのいちばんのよさかもしれません。

「この平行四辺形には、高さがないよね？」

少し前のこと、子どもが「先生、教えて」と私のところにやってきました。

「この平行四辺形には、『高さ』がないよね？」

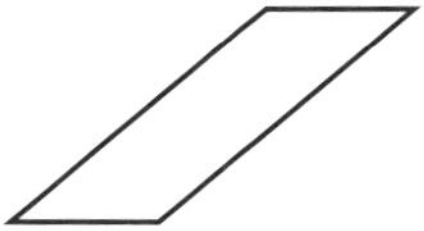

その子どもは平行四辺形の面積を求める問題をやっていたところ、前ページのような図形が出てきたのです。

平行四辺形の面積を求める公式は「底辺×高さ」です。

でも「この平行四辺形には底辺はあっても高さがない」、だから「この平行四辺形の面積は求めることができないでしょう？」というのがその子どもの主張でした。

この子どものいいたいことを、みなさんはおわかりでしょうか。

つまり、同じ平行四辺形でも、左の上の図形なら「高さ」があるけれど、この子どもがいま面積を求めようとしている下の図形には「高さ」がないというのがこの子どものいいたいことなのです。

この「高さ」については、子どもがよく混乱するポイントです。たとえば先のようなかたちの平行四辺形を黒板に描き、左のように二つだけ数値を入れて「面積は？」と聞くと、「3 cm × 6 cm = 18 cm²」と答える子どもがいるわけです。

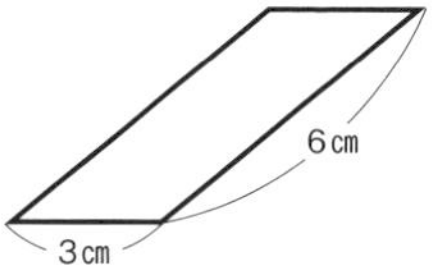

このとき質問にきた子どもも、この二つの数値が入った図を見たら、同じように「面積は18㎠」と答えるでしょう。

この子どものように、平行四辺形の高さがわからないという子どもに、どのように高さを教えればいいでしょうか。

子どもの世界のなかから「たとえ」を探す

私は、子どもがもっていた用紙に「ほら、この平行四辺形が実は建物だったとするよ?」といって、左のような絵を描きながら話をしました。

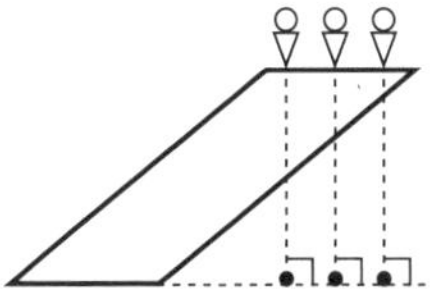

「この平行四辺形が建物で、いま、あなたはこの建物のいちばん高いところにのぼったわけだ。その高いところから、おもりをつけた長いひもをたらしてみる。すると、ひもは地面に向かってこういうふうにまっすぐに落ちるよね。この、高いところから地面までのひもの長さ、『高さ』というのは、ここのことなんだよ」

絵に描きこむだけではその子がイメージしづらいようだったので、私は手近にあった四角い積み木を建物に見立てたりしながら「ほら、こういうふうに釣り糸をたらすようにするんだ」と説明をつづけました。

すると、説明を聞いている子どもの表情が少しずつやわらいできました。

そして、「そっか、いちばん上からまっすぐにたれるものが高さなんだね」とうなずきはじめました。

「そうそう。保健室なんかで背の高さをはかるときも、体をまっすぐにのばしてはかるでしょう。でも、この平行四辺形はもともとが傾いていてまっすぐじゃない。だから、パッと見たときに高さがわかりにくいんだけど、高さをはかるときには必ずまっすぐにはかるんだ」

このときの子どもとの会話のように、**子どもの「わからない」に答えるときには、子どもがイメージしやすいものにたとえて話をしてみる**ことも必要です。

同じことを大人相手に説明するなら「この上底から垂直に線を引けば、ここが高さです」などといえますが、それは説明を聞く大人のほうに知識があるからこその伝え方です。

一方で、まだ平行四辺形になれていない子どもが相手のときは、同じようにはいきません。

「この子どもの見ている世界のなかで話をするなら」「この子どもの経験してきたことでいえば」と、大人が目の前の子どもの世界のなかに入って説明を工夫する必要があるのです。

ときどき「小学校の算数なら内容もそれほどむずかしいことがないから、教えるのも苦労しないはず」と思っている大人の方もいるようですが、私にいわせればこれは逆なのです。

まだ知識も経験も少ない子どもになにかを伝えようとするのは、大人を相手に説明するよりもずっとむずかしいものです。

そのむずかしさを解く鍵のひとつが、こうして「大人が子どもの世界に入ってみる」「子どもの世界のなかでたとえを探す」ということなのです。

使える！ 算数アドバイスその1

場面を表す絵や図を描いてみる

子どもが家で算数を勉強していて、わからないところを教えてといってくることがあるでしょう。

計算のルールがわからない、問題文の意味がわからない、公式の使い方がわからない、問題の解き方がわからない……ひと口に「算数がわからない」といっても、**その中身はさまざまなので、子どもの「わからない」に答えるときの基本はやはり、子どもと会話をしながらやりとりを進めていく**ということです。

とはいえ、親が算数の専門家でないことがほとんどですから、算数についてたずねられたとき、どのようにやりとりをしたらいいのかとまどうこともあるでしょう。

「算数を勉強したのは遠い昔、その内容をいまはほとんど忘れてしまっています」「高学年の問題になると、もう歯が立ちません」という方も少なくないはずです。
そこで、子どもに算数を教えるときに大人が知っておくと便利なコツを、いくつか紹介しておきたいと思います。
題して「使える！ 算数アドバイス」です。

算数アドバイスのひとつめは、「絵や図を描いてみよう」です。

絵や図を描くという方法は算数の勉強でよくいわれることなので、すでにご存知の方も多いでしょう。ただし、方法は、出会う問題や子どもの困り方によってさまざまに使うことができます。

先ほどの平行四辺形の例でお話しましょう。
「この平行四辺形には高さがないよね？」と質問してきた子どものように、平行四辺形の高さをきちんと理解していない子どもがいたとしましょう。

そのような子どもは、平行四辺形の「斜辺」と「高さ」を混同してしまうことがあり、たとえばテストで平行四辺形の面積を求める次のような問題に出会うと、「3㎝×6㎝＝18㎠」と答えることがあります。

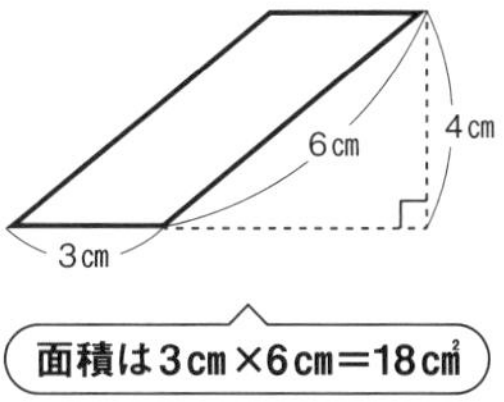

そのように「3㎝×6㎝＝18㎠」とまちがった子どもが「なぜ、面積を求めるときに、ここ（斜辺）をかけるのではだめなの？」と質問してきたら？

もちろん、いったん「底辺×高さ」という公式に戻り、134ページのように高さの概念をあらためて言葉で説明するということもひとつの方法ですが、ここで「絵を描いてみる」というやり方を使ってみます。

「じゃあ、3㎝×6㎝＝18㎠の長方形を描いてみようか」などといいながら、もとの平行四辺形の図に重ねて、長方形の図を描いてみるのです。

このときの図は、できれば方眼用紙などに実寸を意識して描くとよりわかりやすいでしょう。こんなふうに。

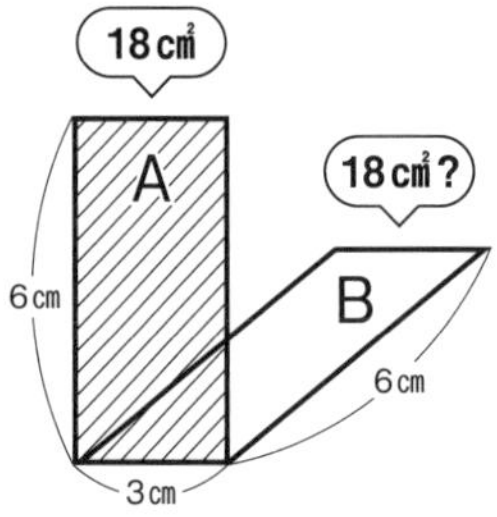

この長方形Aの面積は「3㎝×6㎝＝18㎠」です。

そして、子どもがテストで平行四辺形Bの面積としたのも「3㎝×6㎝＝18㎠」。

この二つの図形は同じ18㎠のはずなのに、あきらかに大きさがちがうことが見た目にはっきりとわかるでしょう。

「あれ？　同じ18㎠のはずなのにおかしい」と子どもが気づけば、「おかしい原因はどこだろう？」というやりとりのなかで、平行四辺形の高さの話題になるはずです。

つまり、このときは、視覚化することで子どもが自分の考えの矛盾に気づくために「図を描く」という方法を使ったわけです。

このように「絵や図を描いて視覚化する」ことは、問題を直接的に解決しようとするためだけでなく、算数を勉強するさまざまなシーンで使うことができます。視覚化することで、仕組みを見つけたり、くわしく読みとったり、矛盾に気づいたりするなど、その目的は実にさまざまなのです。

いずれにせよ数字だけで考えるのではなく、イメージをともなって考えることは、子どもの算数力を育てる基礎となる大切な力だと思います。

たとえば、「男の子が3人いました。あとから女の子が2人やってきました。ぜんぶで何人でしょう」という問題文があり、一年生の子どもが「3＋2＝5」と答えられたとしても、その子どもは問題文の意味を必ずしも理解しているとはいえません。

もしも、その子どもが文中から「3人」「2人」「ぜんぶで」という単語をひろって機械的に式をつくっているとしたら、それは139ページの平行四辺形の面積を求めるときに斜辺と高さを区別することなく「3㎝×6㎝」と式をたてるのと実は大差ないといえるでしょう。

低学年の問題では、そのように文章の意味を理解することなく「3＋2＝5」などと式をつくれば正解になることも多いのですが、学年が上がって問題が複雑になれば、そのやり方では通用しなくなってしまうのです。

ですから、私は「問題の場面を絵にしてみよう」などといって「男の子が3人」「女の子が2人」と絵に描くことも授業でやりますし、自作の算数かるた（文溪堂）で問題文と絵を対応させる遊びも授業にとり入れています。

自宅で勉強するときにも、子どもが問題の場面をイメージできずに困っているときなどには、「じゃあ、問題の場面を絵に描いてみようか」などとアドバイスしてみてください。

使える！ 算数アドバイスその2

わかりやすい表現に置きかえてみる

算数アドバイスの二つめは、「表現を置きかえてみる」です。

この章を最初から読んでいる方はピンときたかもしれません。134ページで平行四辺形の「高さ」を子どもに説明したときのように、わかりづらいことがあったら「子どものわかりやすいものに置きかえて考えてみる」というのが子どもにアドバイスをするときの二つめのコツです。

大人も、四字熟語やことわざなど、すぐに意味を理解できないような言葉に出会うと、まずは自分が知っている言葉に置きかえてみて理解しようとするでしょう。

そうして、これまでに得てきた知識や経験に照らしてわかりやすいものはないかと探してみることが新しい言葉の理解につながります。

子どもが算数を学ぶときもこれと同じで、なにか新しいことに出会ったら、子どものこれまでの生活のなかで知っているものに置きかえてみることはできないか、子どもと一緒に考えてみるといいのです。

たとえば「比例」を教えるときに「なにかがかわったら、それと一緒になにかがかわるということは生活のなかにもないかな?」と子どもにたずねてみます。

すると、子どもは「水道の蛇口をたくさんまわすと、出てくる水の量が増えるよ」などと答えてくれるかもしれません。

または、「水道の水をバケツにためつづけると、時間がたつにつれてバケツのなかの水の量も増えていくよ」と答える子もいるでしょう。

「10分間ためた水の量は、5分間ためた場合に比べて倍になる」というように、授業で学んだ「比例」を身近なもののなかから探してみる——そういうことが、新しい概念を理解するときに役だつわけです。

また、文章問題を解くときなどは「わかりやすい数値にいったん置きかえてみる」というやり方も使えます。

たとえば「1.8キログラムで540円」という数値が出てきて子どもが困っているようなら、「じゃあ、わかりやすい数にかえてみようか」とアドバイスして、いったん「2キログラムで100円」などとシンプルな数値に置きかえてみます。

そうすれば、1キログラムあたりの値段を求めるときには100円を2で割るから、先の問題でも同じように540円を1.8で割れば1キログラムあたりの金額がわかるということが見えてくるでしょう。

よくわからないものに出会ったら、「言葉」や「たとえ」や「数値」を身近なものや簡単なものにいったん置きかえてみることが、わからない対象を理解する助けになるのです。

使える！ 算数アドバイスその3

「1なら」「ひとつなら」と考えてみる

「30枚で120グラムの紙があります。では、13枚だと何グラムでしょうか」という問題があり、この問題を解く手がかりがつかめずに子どもが困っています。

数学を知っている大人は、30：120＝13：x などとする解法もありますが、この子どもはまだその勉強をしていません。

このような場面で子どもに声をかけるときに、「1枚ならいくらになる？」――これが算数アドバイスの三つめで「**まずは〝1なら〟を考えてみる**」ということです。

30枚で120グラムなのだから、1枚の重さは「120÷30」で4グラムとわかります。

1枚が4グラムの紙が13枚だから「4×13」をすればいい。

こうして、まずは1枚あたりを考えることができれば、あとはどんな枚数を聞かれてもかけ算で答えが出せるというわけです。

この方法は、実は69ページの割合の問題などでも使える方法です。

子どもが500円の20％がわからなくて困っていたら、「じゃあ、500円の1％ならいくらになるかな？」と聞いてみます。

そこで子どもが「1％なら、500÷100」と式をつくることができれば、1％＝5円とわかります。そうすれば、あとはかけ算で答えを出すことができるでしょう。

このように、「1％をたずねる」「1枚あたりをたずねる」「1円あたりをたずねる」「1グラムあたりをたずねる」ことは、「帰一法《きいっほう》」とよばれる算数の考え方で、文字どおり、「1に帰す方法」です。

いったん「1なら」がわかれば、その後、どんな問題の場面でもその「1なら」が役にたつというのが、この帰一法なのです。

500円の「○%」を求めるという問題にしても、たずねられるのが「20%」なら感覚的に「500÷5」という式を立てて答えを出すことができるかもしれません。76ページのような図を描いて「500÷5」とする子どももいるでしょう。

でも、問題の数値が「500円の23%」とか「500円の68%」などとなれば、感覚や図では解決できなくなります。

そこで役にたつのがこの帰一法なのです。

ちなみに、この帰一法は分数でも使える方法です。

たとえば、400グラムの$\frac{3}{5}$を知りたかったら?

そうです。まずは$\frac{1}{5}$を出してみるといいのです。

?
5個で1000円の
りんごは3個だと？

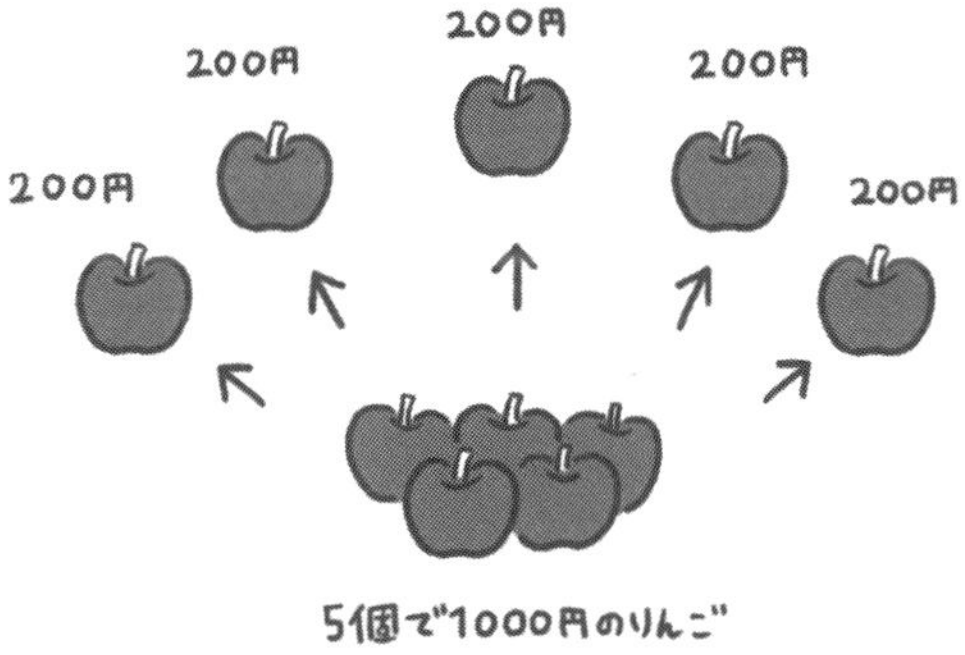
200円
200円
200円
200円
200円
5個で1000円のりんご

1個単位で
考えてみて
1個200円
だから3個で
600円だ!

分数を知らない子どもに、分数をどう教える？

「課外授業　ようこそ先輩」というNHKのテレビ番組に出演したことがあります。その番組は、大人が子どもたちを相手に自分の仕事について教えるという趣旨のものので、番組への出演が決まった私は郷里の山口県で、母校の子どもたちを相手に授業をすることになりました。

子どもたちに自分の仕事を教えるのが番組の本筋ですから、ふつうに考えれば、私が先生として教壇に立ち、小学生の子どもたちを前に教師という仕事について話をするところでしょう。

でも、私はせっかく母校で子どもたちに授業をするのであれば、そこにもうひと工夫くわえたいと思いました。

そして、私が教師として子どもに教えるよりも、子どもに教師役になってもらって別の子どもに教えるところを私が教えてみるのはどうかと考えました。

教師役は地元の中学生にお願いして、その中学生が小学生に分数を教えます。私は、その子どもどうしの授業を見守るという役まわりで、いわば「教え方の授業」のような企画を考えたわけです。

番組側もその企画に賛同してくださり、収録の日をむかえました。

中学生の子どもたちは、収録に先だって分数を教えるための道具をいろいろと工夫して準備してきてくれていたので、その道具を使いながらグループに分かれての授業がはじまりました。

あるグループでは、ケーキの模型を使いながら「分数というのは、ひとつのものをいくつかに分けることで」と説明していました。

そのケーキの模型は四つのピースに分けられるようになっていて、ピースをひとつずつ取りだしながら「これがひとつなら1/4」「ふたつなら2/4」と中学生が教えているのですが、説明を聞いている小学生の子どもはなにか引っかかっているのか、浮かない顔をしています。

その様子を見てとって、教師役の中学生は「じゃあ、もう一度説明するよ」と先ほどと同じように模型を使って説明をくりかえしましたが、それでも聞いている子どもの表情はかわりません。なにがわからないかを表現することができないのでしょう。小学生の子どもはもどかしそうです。

すると、そこまでのやりとりをそばで見ていた別の中学生の子どもが「よし、じゃあもうこのケーキはかたづけるよ」と、模型を脇によけました。

そして、ノートに絵を描きはじめました。

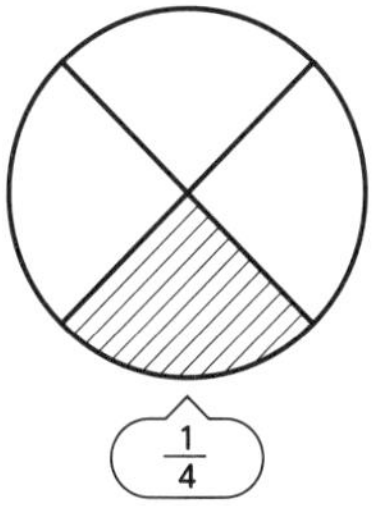

中学生の子どもは右のような絵を描いて、「じゃあさ、こういうのだとするよ」と小学生の子どもに話しはじめました。

そのとき、その絵を見た小学生の子どもの手がさっと動いたのです。

鉛筆をにぎって「でもさ」とノートに絵を描き、「こういうのは$\frac{1}{4}$っていわないの?」と中学生の子どもにたずねました。

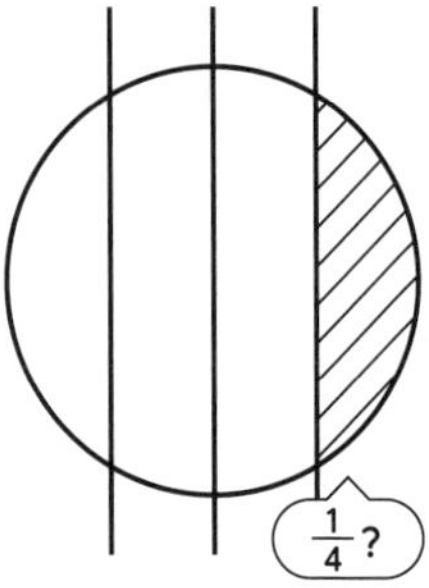

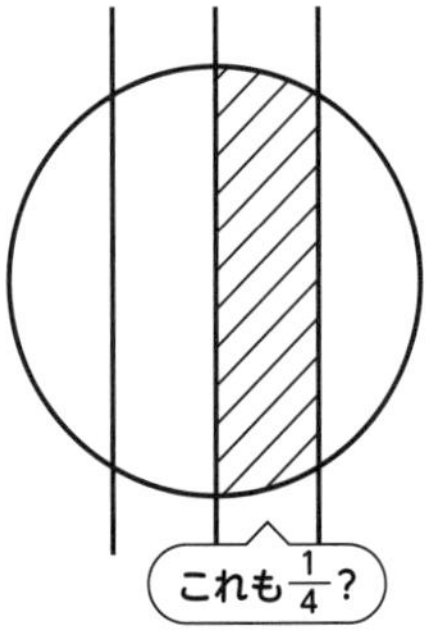

その絵を見た中学生が「そう、そうやって分けるのはだめなの。分数は同じ大きさにしなきゃいけないの」といいおえたが早いか、ずっと浮かない顔をしていた小学生の子どもの表情は一転、「そういうことか」と納得の顔にかわりました。

二回話して伝わらなかったら、別の例にかえてみる

中学生から分数を教わるなかで、このときの小学生の子どもが引っかかっていたことはつまり、分数とは「等しい大きさに分けるもの」なのか、それとも「等しい大きさでなく分けた場合でも分数というのか」という点だったのです。

教わっている子どもは、ほんとうはそこをたずねたかったのだけれど、うまく言葉にすることができずにもやもやしていたのでしょう。

そこに「絵を描く」というツールがあらわれたので、もやもやの正体をかたちにして質問することができたわけです。

このときの中学生のグループは、はじめはケーキの模型を使って分数を教えていました。その模型はあらかじめ等しい大きさのピースに分けられるようにつくられていて、ツールとしては固定されたものです。

一方で、絵というツールなら、ピースの大きさをかえて描こうが、ピースに色をつけようが、いかようにもかたちをかえられます。

教える子どもが自由にかえられると同時に、教えてもらう子どもも自由にかえられるツールだったからこそ、どちらの側も疑問に思うことを共有することができ、お互いの納得につながったのです。

このやりとりをそばで見ていた私は、子どもたちに拍手をおくりたいような気持ちでした。

この日の収録は、「教え方の授業」として子どもたちに教え方を教えることができればと企画しました。その結果、子どもどうしが自分たちで工夫しながらお互いの納得を引きだした姿に、私自身もあらためて教えるということを教えられた時間になったのです。

ケーキの模型は、よく工夫してつくられたとても立派なものでしたし、「ケーキというのは最初に等分するもの」と思って話を聞いている子どもなら、その模型の説明を聞けば、じゅうぶんに分数を理解したでしょう。

でも、ふだん家でケーキを食べるとき、最初に全体を等分せずに食べたい大きさだけをそのつど切って食べているとしたら、そういう子どもにとって「等分する」ことはあたりまえのことではありません。

このときの子どももおそらく、「ケーキは必ずしも最初に等分するものじゃない」という考えがあったために、模型の説明では納得しなかったのかもしれません。

前提がちがえば理解の仕方も同じようにはいかないのです。

だからこそ、この日の子どもたちのやりとりのように、**説明が相手に伝わっていないと思うときには、「例をかえてみる」というやり方が必要**なのです。

いくら説明しても子どもに伝わらないとイライラする前に、「二回、同じことを説明しても相手に伝わらない場合は、説明の仕方をかえてみよう」と思っていれば、子どもと会話をするなかで納得のポイントを引きだすことができるはずです。

家で子どもに分数についてたずねられたときなどでも同じです。

「じゃあほら、昨日のおやつの場合で話してみるよ」と身近な例を持ちだしてみたり、「ケーキじゃわからない？　じゃあ、なにならわかりそう？」と子どもの前で親が悩んでいるところを見せたりすれば、子どもは「じゃあ、あのみかんで話して」などといってくれるかもしれません。

そうしたら、みかんの皮をむいて「ほら、これが半分でしょう？」「そしてこれをさらに半分にすると1/4」などとやっていくうちに、子どもの「わかった」が聞こえる瞬間があるはずです。

第5章

「考える力」をのばす教え方

ケーキを五人でどのように分ける？

分数を教えるときに子どもがケーキの模型を使ったお話を書きました。ケーキといえば、私自身、家族でケーキを食べたときの算数にまつわる思い出があります。

わが家は子どもが三人いる五人家族ですが、その子どもたちがまだみんな小さかったころのある日の出来事――。

その日は末の娘の何回目かの誕生日で、家族でそのお祝いをしようと、家にはケーキが用意されていました。

そして夕食後になり、いざお待ちかねのケーキが食卓に登場しました。

箱から出されたのは、まだカットされていない、丸いホールのケーキです。

さあ、このケーキをどうやって五人に分ければいいのでしょう？

大好きなケーキを早く食べたいとうずうずしている子どもたちを見て、私と妻はケーキを分ける作業を「自分たちでやってごらん」と子どもたちにまかせてみることにしました。

その場にいるのは、私と妻、そして子どもたち三人のあわせて五人ですから、本来ならばケーキを五等分にカットするところかもしれません。

でも、みなさんもおわかりのように、丸いケーキを五等分にするのはなかなかにむずかしいことなのです。四等分や八等分ならまだしも、きれいに五等分に切るというのは、大人でもそれなりに技術がいることでしょう。

さらに、ケーキを自分たちで分けてみるというのは、今回が子どもたちにとっての初仕事です。

さて、子どもたちはどうするのだろう?

私たちは少し離れたところから、その様子をながめていました。

すると、すぐにまんなかの娘がケーキ用のナイフをもち、まずは勢いよくケーキを縦半分に切りました。「むっ、半分?」と私が思ったのもつかのま、娘はそのままの勢いで、今度は横半分に切りました。

十字にナイフが入り、ケーキはあっというまに四等分です。

その四等分を見た瞬間に、子どもたちは「あれ?」と声をそろえました。

五人いるのに、これではひとつたりないと気がついたのでしょう。

さあ、子どもたちはこのあとどうするのだろう?

私と妻がつづけて様子を見ていると、子どもたちは三人で話しあいをはじめました。

そして、しばらくしてからみんなでうなずきあい、今度は長男がナイフをもちました。

見ると、先ほど四等分にしたケーキを、さらに半分ずつに等分しているようです。そうして全体が八等分になったところで「さあ、できた」と、子どもたちはみんな満足そうな顔です。

「八等分？」と私たちが首をかしげているのを横目に、子どもたちはそそくさとケーキをお皿に取り分けはじめました。

全員のお皿にひとつずつ。

でもまだ三つ残っています。

「この三つは？」とたずねると「これは明日子どもだけが食べる分」といって、子どもたちは「うまくいった」とニコニコしています。

私と妻は思わず「なるほど」とうなりました。

ケーキの分け方を考えるのは、算数をやっているのと同じ

子どもたちがおこなったケーキの分け方を数式にしてみましょう。

$$\frac{5}{8}+\frac{3}{8}=1$$

一日目は、家族五人に
平等に一人ひとつずつ
二日目は、子どもたち三人に
平等に一人ひとつずつ

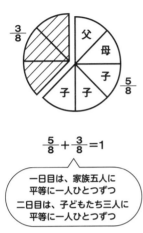

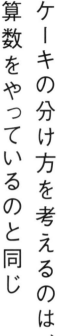

このとき残った数（三つ）が子どもの数と同じだから考えついたのでしょう。子どもたちはちゃんとケーキを平等に分けるという行為のなかでまさに算数をやっていたということになります。

算数の勉強といっても、それは必ずしも机に向かってするようなものだけではありません。

このような日常のなにげない行為――はたからみると、その展開に思わずわくわくドキドキするような試行錯誤の連続が、実はそのまま算数をする姿だといえるのです。

前項で書いたケーキを分ける場面を、算数の観点から少し解説してみましょう。

子どもはまず1を等分して$\frac{1}{2}$を二つつくりました。

その$\frac{1}{2}$をさらに等分することで、$\frac{1}{4}$を四つにしました。

そこで「あれ？」と気がつき、「このあとどうすればいいのだろう？」とその先を考えたのが前半までの流れです。

この「1が、$\frac{1}{4}$が四つ」になるまで、子どもは縦と横に二回、ケーキにナイフを入れています。

このような分け方は、お菓子でもリボンでも、なにかをいくつかに分けようとするときに子どもがよくやることです。まずは全体を半分にしてみて、それでもまだくばる数にたりないようなら、さらに半分にして……とくりかえしていくのです。

この等分をくりかえしていくという考え方は、実は太古の昔から人間がやってきた行為のようで、実は古代エジプトの分数も、この考え方を原理としていたという記録が残っています。

その後、「$\frac{1}{4}$が四つ」できたはいいけれど、実はその場には五人いる――それではたりないと考えた子どもたちは、さらに等分して「$\frac{1}{8}$を八つ」にしておいてから、大人と子どもの数に差をつけるという結論にいたりました。

もちろん、このときの五人がみんな子どもだった場合とか、大人と子どもの数が逆だったとかいう場合には、子どもたちもちがう分け方をしようと考えたはずです。

「$\frac{1}{4}$を四つ」をつくるところまでは同じように進めたとしても、その先のストーリーはまたちがうものになっていくでしょう。

また、分ける対象がケーキではなく、なにかほかのものだった場合にも、やはりこれまでとは別のストーリーが生まれるはずです。

つまり、「なにをだれにどのように分けるか」という方法は、いつも同じというわけではなく、目の前の状況によってかわってくるということです。


このように「やり方」や「考え方」を試行錯誤しながら状況に対応しようとする行為そのもの、それがそのまま算数をしていることだといえるのです。

算数でおやつの分け方を解決してみよう

ケーキを分けるような日常の場面が、実は算数をする姿そのものだと書きました。このことの裏を返せば、**算数で学ぶ内容は、日常のさまざまな場面にも登場することがあるともいえるのです。**

ここでもうひとつ、算数と日常とがつながる場面を紹介してみたいと思います。

先ほどはケーキを分ける日常の場面からスタートしましたので、今度は逆に、算数の話題からお話をはじめてみることにしましょう。

たとえば、次のようなL字型の図形があり、その面積を求めようという問題があったとします。

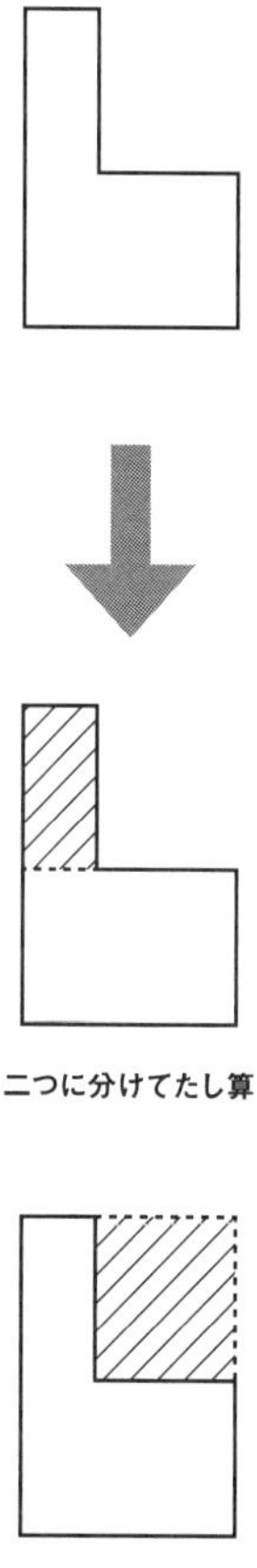

図A

二つに分けてたし算

図B

大きい図形から
斜線部分をのぞくひき算

この面積を求めるときには、図Aのようにこの図形を二つに分割し、たしあわせるか、図Bのように図形に一部を補い全体からひくのではないでしょうか。

つまり、「L字型の図形の面積を求める公式」などというのは存在しないはずなので、自分の知っている公式を使って解決できるようにするために、もとの図形を変形させて考えてみるというわけです。

この「分割する」「補う」というのは、このような図形の面積の問題だけでなく、算数・数学のさまざまな場面で使うことができる便利な考え方でもあるのです。

では、この算数・数学の考え方が日常のなかで生きてくるとすれば、それはどういうときなのでしょうか。

たとえば兄弟の二人がおやつを食べようとしていて、おやつが兄にひとつ、弟にひとつ、そしてもうひとつあるという場面を想像してみてください。

このとき、兄弟はどちらも、もっと多く食べたいと思っていることとします。

この状況で、では最後のひとつをどうするか——先ほどの二つの考え方「分割する」と「補う」を使って考えてみます。

もしも、そのおやつが板チョコレートのようなものなら、二人で半分ずつに分けて食べることもむずかしくないでしょう。

これが解決法のひとつで、「分割する」です。

一方で、そのおやつがかたいキャンディーだったりすれば、きれいに半分に分けるのもむずかしくなります。それで、同じものをもうひとつ買ってくるとか、似たようなものがもうひとつ家にないかと探してみるとかします。

これがもうひとつの「補う」という解決法です。

このどちらの方法をとるかは、分けようとするおやつ次第ともいえるのです。

つまり、おやつがたりないという同じ状況でも、その状況にうまく対応するための考え方はひとつではないということです。

そして、このことは、先ほどのL字型の図形の面積を求めるやり方がひとつではないことと、とてもよく似ているように見えないでしょうか。

おやつを分けるときに、もし「分割する」という発想しかなければ、それがうまく分けられないものだったときに、兄弟でケンカになってしまうかもしれません。

でも、もうひとつの「補う」ということを発想できれば、二人ともが満足する分け方にたどりつけることもあるでしょう。

算数の勉強では、先ほどのL字型の図形の面積を求めるときのように、ひとつの解法だけで終わらせず、ほかにも解法がないかと考えてみることがあります。それは、複数の考え方を学ぶことに意味があるからです。

考え方をいくつか思いつくことができれば、場面に応じたいちばんいいやり方を選んで使うことができるのです。

分割
等分することができるお菓子であれば
半分ずつに分けることができる

補う
分けることが難しいお菓子でも
別のもので代用することができる

この「やり方」「考え方」は算数でも日常でも同じ

「分割する」と「補う」の二つのやり方を使っておやつの分け方を考えてきましたが、実はこの二つのほかにもやり方があります――「ないことにする」です。

おやつの最後のひとつは最初からなかったことにする、つまり二人ともあきらめるというわけです。

こうして先ほどの状況を乗りきるのも、ひとつの解決法だといえるでしょう。

そして、この三つめの方法を図形の面積を求めるときに使うとすれば、最初から問題を見なかったことにする……（笑）、という冗談はさておき、これまでのお話でお伝えしたいのは次のようなことなのです。

「算数の問題なのか日常の問題なのかでちがっていても、その問題に対応していくためのやり方や考え方には共通するものがある」

このことは、これまでの章ですでに書いてきた算数の話題でも同じことがいえるのです。

144ページでは、比例などの新しい概念を学ぶときなどに「わかりやすい表現に置きかえてみる」ということを書きました。

これは、自分がなにか新しいことを理解しようとするときだけではなく、友達になにかを説明しようとする場面などでもとても役にたつ考え方です。

その友達がまだわかっていないことやまだ知らないことがあり、その内容について説明したいというとき、相手がイメージしやすいものにたとえてみようなどと工夫するのは、とても大切なやり方でしょう。

また、その友達がひとつの例では納得しなかった場合に、ほかの例はないかと考えてみる、それは157ページで書いた子どもどうしで分数を教えあうときの姿と同じことだといえるはずです。

そのような目で見てみれば、実は算数を学ぶことと日常のなかのできごとが、とてもよくつながっていると感じられるのではないでしょうか。

この二つはまったく別のところに存在しているものではなく、同じ根っこをもっているということです。

算数が苦手だと感じていたり、算数を勉強するのがいやだと思っていたりする子どもは、「なんで算数を勉強しなきゃいけないの？」「算数がなんの役にたつの？」と大人にたずねることがあるかもしれません。

そんな質問への答えは、これまで書いてきたことのなかにあると思います。

「計算ができれば買いものをするときに便利だから」などという答えではありません。

算数のなかで学ぶ「やり方」「考え方」がいろいろな日常の問題の解決法とつながっているということです。

さらに、算数を学ぶ楽しさも、まさにそんなところにあります。

私自身、このような算数の本質的な楽しさをできるだけ子どもに伝えることができればと思ってやってきました。

「算数を学ぶ楽しさは実は日常のなかからも得られる」、算数の勉強のなかでそんな話を少しずつでも伝えていければ、子どもも必ず算数のおもしろさに目覚めてくれるのではないでしょうか。

答えあわせだって、子どもが自分でやるほうがいい

これまで書いてきたように、机に向かって問題を解くだけが算数ではありません。算数の魅力について、ふだんから少しずつでも親子で話したりすることができれば、子どもにとって算数はぐっと身近なものに感じられてくるはずです。

算数というのはなにかむずかしくて手ごわいものではなく、どうやら身近なおもしろさのあるものみたいだと、子どもが思うようになれば、算数の勉強自体もずっと楽しめるようになるのです。

そして、この子どもが机に向かって勉強をするような場面でも、近くにいる大人の

かかわり方ひとつで、子どものがんばり方は大きくかわってきます。
たとえば、子どもがひとりで問題を解いたあとの答えあわせをどうするか。
こんなところも大人がその子どもとのかかわり方をちょっと考えてみたいポイントです。

まわりのお父さんやお母さんたちのお話を聞いていると、子どもがひとりでドリルや問題集をやったあと、その採点は親がするものだと思っている方も多いようです。巻末などについている解答は親がもっておき、子どもが解きおえたものを親がいったんひきとって丸つけをするというのです。

でも、実はこれはとてももったいないことです。
というのも、もし**子どもが自分で答えあわせをすれば、そのこと自体がとてもいい勉強になる**からです。

子どもがわからない言葉に出会ったときに自分で辞書をひくとか、なにか知りたいことがあって図鑑などでその内容を調べてみようとするのは、とてもいい勉強だと思ってよろこぶのではないでしょうか。

子どもが自分で答えあわせをするというのも、実はこのような場面ととてもよく似ているのです。

自分が出した答えが合っているのかどうか知りたい、その気持ちがあって答えあわせをするわけですから、それは言葉をかえれば「自分の知りたいことを自分で調べる」作業だといえるでしょう。

「知りたい、わかりたい」という気持ちがベースにあるという点で、辞書をひいたり図鑑で調べたりするのと同じことなのです。

答えの正誤はどうであれ、そういう気持ちがあって答えあわせをするのであれば、他人に採点してもらうときよりも内容がずっとよく頭に入るでしょう。

また、幼稚園の子どもや小学校低学年の子どもなど、まだ小さいうちはとくに、答えあわせの手順自体が勉強になります。

自分で解いた問題の箇所と、それに対応する解答の箇所を見くらべながら丸つけをしていく――「5ページの2番だから……あ、ここか」などとやってみるのは、かなりの記憶力と集中力が必要になるのです。

さらに、幼稚園の子どもがゲームブックなどで遊んでいる場面を想像してみてください。

その遊びのなかで、たとえば「絵」と「その絵が表している言葉」を線でつなぐ線つなぎなどをやってみる、それで一ページ分を終えたときに、子どもはそれが合っているか、なるべく早く答えを知りたいわけです。

そういうときに、手もとに解答がなければ答えあわせをすることができません。すぐに親が見るといっても、多少のタイムラグが生まれてしまいますし、その間に子どもの興味がほかにうつってしまったりもするのです。

子どもが自分で答えあわせをすることのよさのもうひとつがここにあります。**自分ですぐに丸つけができるほうが、子どものモチベーションがしっかりとつづいていくのです。**

大人のかかわり方ひとつで子どもの気持ちが育つ

子どもが自分で答えあわせをすることは、まさにいいことずくめです。

一方で、子どもに採点をまかせるのは気が進まないというお父さんやお母さんは、「子どもが解答をうつしてしまうのではないか」と心配なようです。

しかし、この心配も親のかかわり方ひとつでプラスにかえることができるのです。

私が見てきた学校の子どもたちを例にお話ししましょう。

教室の子どもたちが自分で丸つけをしていて、私がその子どもたちの間を見てまわっていると、先に書いたお父さんやお母さんたちの心配のとおり、実際に子どもが丸つけをごまかす場面に遭遇することがあります。

子どもが不正解のものを正解として丸にしたり、問題が解けずに空欄になっていたところに正答をうつしたりするのです。


そのようなところを見つけても、私はその場ですぐに注意することはしません。その場面は見てみぬふりをしておいて、なにごともなかったように、そのまますっと教室を一周します。

そして、子どもたちが丸つけを終えるくらいのタイミングで教壇に戻り、みんなの前でこういってみるのです。

「あなたたちは、ほんとうにえらいね。だって、先生は自分が小学生だったころ、答えがまちがっているのに気づいて、こっそりと書きなおしたりしちゃったことがあるもん。でも、あなたたちは正直にやっていてほんとうにえらい」

私がこういったとたん、丸つけをごまかした子どもが「あ、やっぱりこれ、見まちがいだったかも」「あ、丸つけをまちがっちゃった」などといって、丸にしていたところを訂正する――ほんとうに子どもがそうするのです。

そんな子どもの様子が見えたら「正直にいうなんて、ほんとうにいい子だね」とまたほめるわけですが、この一連の流れは、大げさなつくり話などではなく、私が見てきたたくさんの子どもたちの実際の姿なのです。

つまり、子どもは大人に信じてもらえているということがうれしいのです。

自分が信じられていると思えば、その子どもはうそをつかなくなりますし、正直になります。その反対に、ごまかしたことを叱ったりすれば、その子どもは叱られないようにごまかそうと、さらにうそをかさねるようになってしまいます。

この叱られたくないからうそをつくというのは、子どもだけのものではなく、大人にも共通する心理なのではないでしょうか。

その心理をヒントに子どもへの対応を考えてみれば、どのように声をかけてみるといいのかということが見えてくるはずです。

先に書いた子どもとのやりとりを、私はこれまで子どもが一年生とか二年生などまだ小さいうちに教室でやっていました。そうすると、子どもたちはその後、みごとに正直に丸つけをするようになってくれました。

こんな小さなやりとりで、子どもたちはしっかりと変化してくれるのです。

家でも、子どもが自分で丸つけをしているときに、親は近くでお皿洗いや洗濯ものをたたむなどほかの作業をしているとしましょう。

その作業をしながらも、それとなく子どもの様子をうかがっていると、子どもが丸つけをごまかしたような気配に気づいたとします。もしもこんな瞬間がおとずれたら、それは実は子どもに大切なことを教えるためのとてもいいチャンスなのです。

こんなとき、私ならごまかしたところは見ないふりをしておきます。

そして、そのしばらくあとで「えらいね。自分で丸つけをしていても、あなたはちゃんと正直にやるもんね」などと子どもにいってみたいと思いますが、さて、みなさんならどのように声をかけるでしょうか。

子どものがんばる気持ちを倍増するヒント

子どもと一緒に勉強をするときには、子どもとのやりとりに工夫をしてみると、それが子どもとの信頼関係につながっていくということです。

前項で書いた丸つけの場面でのやりとりは、そのような子どもとの関係をつくるためのひとつの例です。このほかの場面でも、もしも子どもがずるいことをしようとしていることが予測できるとしたら、それはまたとない関係づくりのチャンスだと思ってください。

そして、どのように対応したら、その場面をプラスにかえることができるのかと考えてみてほしいと思います。

もちろん、子どもがずるいことをする場面だけでなく、その逆の場面でも、「子どもとの関係をよくするために」と考えてみるのが大きなヒントになるはずです。

そういう小さなやりとりをくりかえすなかで、**子どもが「この大人と一緒に勉強したい」「この大人にならまちがったことを正直にいえる」「この大人になら質問してみたい」というような関係をつくることができれば、それは子どものがんばる力を何倍にもあと押しする**ことになるでしょう。

子どもが勉強をがんばろうとする、その気持ちを支える土台ができるのです。

その土台をつくるために日々、子どもとのかかわり方を試行錯誤すること、それが教師という仕事のなかで、私がいちばんエネルギーを使ってきたことだったのではないかと思います。

――さて、この本もそろそろおわりに近づいてきました。

私の長年の専門である算数の話題からはじめた本書ですので、最後も算数でしめくくることにしたいと思います。

題して「子どもがきっと算数を好きになる算数小話」です。

0.999999999……と永遠につづいていく数のお話です。
この0.999999999……という数は、実はイコール「1」だといえます。

式にすると、こうです。

0.9999999999……=1

「えっ、ほんとうに？」と思ったでしょうか。


実際に、私が子どもたちにこの話をすると、みんな最初は首をかしげるのです。

「だって、1にはほんのちょっとたりないでしょう？」

「いや、その二つがイコールになるのは、なんか変だよ」

この子どもたちの声に思わずうなずきたくなる方も多いのではないでしょうか。

でも、この「0.999999999……＝1」は算数でもきちんと、それこそ小学生の子どもでもちゃんと納得するように説明できるのです。

さて、どんな説明の仕方ができるのでしょうか。

ヒントは「分数」です。

だから、学ぶことはおもしろい！

0.999999999……＝1

このことを、分数を使って簡潔に説明してみましょう。

まず、「1/3＋1/3＋1/3＝1」、これはみなさんもよく知っていることでしょう。

そして、この式にでてくる1/3を小数にすると、0.333333333……となります。

つまり、「1/3＋1/3＋1/3＝1」という式は、次のようにかたちをかえることができるわけです。

0.3333333333……＋0.3333333333……＋0.3333333333……＝1

ほら、「0.9999999999……＝1」が見えてきたのではないでしょうか。

とはいえ、この証明にいったんうなずいたあとでも、「0.9999999999……＝1」の式をながめているとなんとも不思議というか、狐につままれているような気持ちになるかもしれません。

そんな気持ちにさせてくれるところもまた、この式のおもしろいところなのです。

さて、もうひとつ、算数小話を紹介しましょう。

今度は、1円玉のお話です。

おそらく、いまみなさんのお財布にも入っている1円玉、この硬貨の直径はどれくらいの長さだと思いますか？

10㎜？　12㎜？　15㎜？　17㎜？

これよりも、もっと小さい？　それとも、もっと大きい？

答えは2㎝、意外に大きいのです。つまり半径がちょうど1㎝なのです。

予想があたったという方はおみごと、でもぴったりとあたる人はそれほど多くないかもしれません。

子どもたちにたずねてみても、その予想はバラバラですし、これは大人にたずねてみても同じです。

そして、この一円玉の重さは1グラムとしてつくられているのもおもしろいところで、このあたりの詳細は、造幣局のホームページ（https://www.mint.go.jp/）でも見ることができます。

さらに、この一円玉の面積を求めてみると、こうなります。

1×1×3.14……＝3.14……

つまり、円周率がそのまま面積になるわけですが、この3.14……という円周率は、まだ世界中のだれひとりとして最後までいいきったことのない永遠につづく数です。そんな未確認の面積をもつ一円玉が財布のなかにゴロゴロしている——そう考えると、なんとも不思議で、おもしろいと思えてきませんか？

このような話は、算数があまり得意でない子どもも身を乗りだして聞いてくれます。

身近なちょっとしたネタから算数のおもしろさに気づく瞬間があるのです。

おわりに

ある日の放課後、５年生の子どもが概数のつくり方についてよくわからないと質問にきました。

問題は「次の数を上から２けたの概数にしなさい」というもので、0.247のような場合についてでした。

このとき、最初の０を２けたのうちに入れるか入れないかということが、その子の疑問の核だったのです。

問題が3.247だったら3.2が答えになるのに、0.247だと0.25となる。

ということは、０はけた数に入れないのかなと思っていた、とその子。

そして「先生、だったら3.024のようなときにはどうするの？」と質問が広がってくるのです。

このときも0は入れないとすると3.2となって、3.247のときと同じになってしまうから変だというのです。

たいしたものだと思いませんか。

この場合、正しい答えは3.0で、0をカウントする必要があります。

子どもにとってはまことに厄介なことですよね。

さて、このとき私は、質問の例を自分でつくりながら話しているこの子の姿を見て、まず、そのこと自体をほめました。

そして「他にも納得いかないときがあるの？」と聞くと、いろいろな例を出してきました。

ほんとうにたいしたものです。

漠然とただ「わからない」という段階から、いくつかのなかから「わからないものを探す」という段階、さらには、この子のように自分で「例をつくって質問する」段階と、同じたずねる場面でも子どもたちの行っていることは大きくことなります。そのちがいを知っていれば、たずね方そのものをほめることができるようになるのです。

内容を伝えることだけに躍起にならず、こうして学び方そのものを育てるという意識をもって子どもと接すると、大人のかまえ方が変わってくると思うのです。

ふりかえってみてください。

日常生活のなかで「ねえ、お母さん、明日雨が降ったらどうするの?」というようなたずね方に触れることはありませんか。このたずね方が、実は先ほどのような質問の仕方につながるものなのです。

場面を自分で設定したり、条件付けしたり、仮定したりして考えていく練習となる表現なのです。そう思うと、反抗的な態度で質問してくるときだって「実は素晴らしい〝考える練習の時間〟なのだ」とにこにこして聞けるようになるかもしれません。

「もしも～だったらどうするの?」「たとえば、こんなふうになったときは……」

「だってそれは変じゃないの」「だったら～のようにしてよ」など、これらは共通して、子どもたちが反抗しているときによく使う言葉です。

きっと大人はこれらを聞くと、これまでは、イライラして対応していたと思います。けれど、実は算数の時間に大いに育てたい素晴らしい表現の方法、思考を進めていく魔法の言葉でもあるとわかった今日からは、ちょっと聞き方も変わるかもしれませんね。もちろん、大人の方にちょっと心のゆとりも必要ですけど。

さて、子どもになにかを教えたいと思ったとき、懸命に説明しなければと身がまえてしまう方が多いのではないでしょうか。

でも、ほんとうは、一方的に子どもに伝えるよりも、子どもたちがむきになってなにかを伝えたいと思っている姿を引きだすことのほうが大切なのです。

子どもの考える力が育つ空間は、説明大好きな大人のそばにはありません。世話をしすぎる大人のそばにもありません。

大人がわざと間違えたり、とぼけたりして子どもたちにつっこませてみる――そんな漫才のようなやりとりが楽しめだしたら、子どもと接している時間ももっと楽しくなります。

本書を読み、少しでも子どもと子どもの世界の見え方がかわれば幸せです。

日々、子どもと向きあい教える立場にある保護者の方、学校の先生方に本書を捧げます。

田中博史

［著者］
田中博史（たなか・ひろし）
1958年、山口県生まれ。筑波大学附属小学校副校長。筑波大学人間学群教育学類講師、学校図書教科書「小学校算数」監修委員。全国算数授業研究会会長。「授業《じゅぎょう》・人《ひと》」塾代表。
自ら考え自ら表現することができる子どもを育てる算数のカリスマ教師として知られる。また、クラス集団をまとめる学級経営における支持も厚く、小学校教育界では「日本一の先生」との呼び声が高い。現役教師として教壇に立つ傍ら、「先生の先生」として全国各地はもとより海外でもモデル授業や講演を数多くこなす。
NHK教育テレビ「かんじるさんすう1、2、3!」出演、NHK総合テレビ「課外授業ようこそ先輩」出演の他、近年は新宿紀伊國屋書店ホールにて「先生のための夏休み充電スペシャル」と題したお笑い芸人とのトークイベントを毎年開催している。
著書に『子どもが変わる接し方』『子どもが変わる授業』（東洋館出版社）、『子どもと接するときにほんとうに大切なこと』（キノブックス）などがある。また、家庭向け学習ドリル『絵解き文章題』『4マス関係表で解く文章題』（学研）の監修、算数教具『ビジュアル九九カルタ』『ビジュアル分数トランプ』（文溪堂）の開発等も行っている。

子《こ》どもに教《おし》えるときにほんとうに大切《たいせつ》なこと

2019年2月27日　初版第1刷発行

著者　田中博史
編集協力　大崎奈津子
挿画　ほりいあつし
本文組版　アジュール
装幀　水戸部功
発行者　古川絵里子
発行所　株式会社キノブックス（木下グループ）
〒163-1309
東京都新宿区西新宿6-5-1　新宿アイランドタワー3階
電話 03-5908-2279　http://kinobooks.jp/
印刷・製本　中央精版印刷株式会社

ISBN 978-4-909689-30-6 C0037

田中博史先生　大好評の既刊

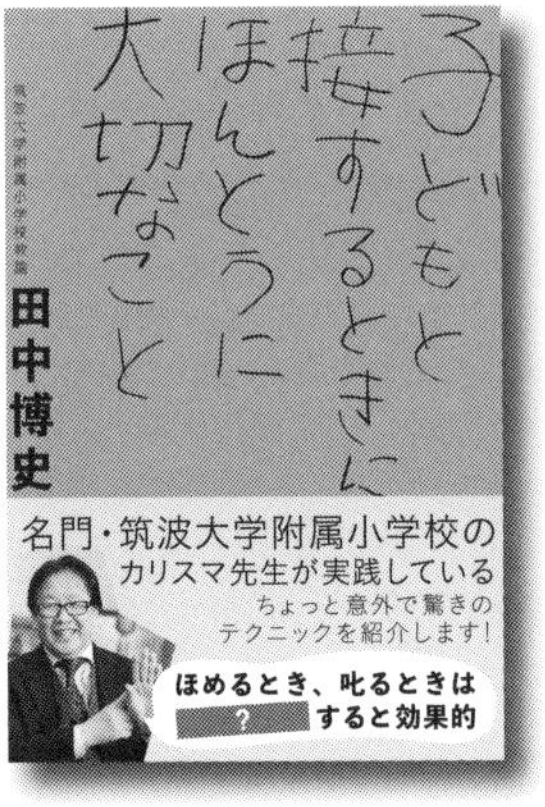

子どもと接するときに ほんとうに大切なこと

子どもをほめるとき、叱るとき
どういう声かけをすればいいのでしょう？
子どもとの接し方を学ぶ実践的な一冊です。

《目次》

ISBN 978-4-908059-89-6